Thierry Peyre

Evaluation des Performances du standard IEEE802.16e WiMAX Mobile

Thierry Peyre

Evaluation des Performances du standard IEEE802.16e WiMAX Mobile

Optimisation sur couche MAC multi-services, Contrôle d'admission et gestion de la mobilité

Presses Académiques Francophones

Impressum / Mentions légales

Bibliografische Information der Deutschen Nationalbibliothek: Die Deutsche Nationalbibliothek verzeichnet diese Publikation in der Deutschen Nationalbibliografie; detaillierte bibliografische Daten sind im Internet über http://dnb.d-nb.de abrufbar.

Alle in diesem Buch genannten Marken und Produktnamen unterliegen warenzeichen-, marken- oder patentrechtlichem Schutz bzw. sind Warenzeichen oder eingetragene Warenzeichen der jeweiligen Inhaber. Die Wiedergabe von Marken, Produktnamen, Gebrauchsnamen, Handelsnamen, Warenbezeichnungen u.s.w. in diesem Werk berechtigt auch ohne besondere Kennzeichnung nicht zu der Annahme, dass solche Namen im Sinne der Warenzeichen- und Markenschutzgesetzgebung als frei zu betrachten wären und daher von jedermann benutzt werden dürften.

Information bibliographique publiée par la Deutsche Nationalbibliothek: La Deutsche Nationalbibliothek inscrit cette publication à la Deutsche Nationalbibliografie; des données bibliographiques détaillées sont disponibles sur internet à l'adresse http://dnb.d-nb.de.

Toutes marques et noms de produits mentionnés dans ce livre demeurent sous la protection des marques, des marques déposées et des brevets, et sont des marques ou des marques déposées de leurs détenteurs respectifs. L'utilisation des marques, noms de produits, noms communs, noms commerciaux, descriptions de produits, etc, même sans qu'ils soient mentionnés de façon particulière dans ce livre ne signifie en aucune façon que ces noms peuvent être utilisés sans restriction à l'égard de la législation pour la protection des marques et des marques déposées et pourraient donc être utilisés par quiconque.

Coverbild / Photo de couverture: www.ingimage.com

Verlag / Editeur:
Presses Académiques Francophones
ist ein Imprint der / est une marque déposée de
OmniScriptum GmbH & Co. KG
Heinrich-Böcking-Str. 6-8, 66121 Saarbrücken, Deutschland / Allemagne
Email: info@presses-academiques.com

Herstellung: siehe letzte Seite /
Impression: voir la dernière page
ISBN: 978-3-8416-2407-9

Copyright / Droit d'auteur © 2013 OmniScriptum GmbH & Co. KG
Alle Rechte vorbehalten. / Tous droits réservés. Saarbrücken 2013

ACADÉMIE D'AIX-MARSEILLE
UNIVERSITÉ D'AVIGNON ET DES PAYS DE VAUCLUSE

THÈSE

présentée à l'Université d'Avignon et des Pays de Vaucluse
pour obtenir le diplôme de DOCTORAT

SPÉCIALITÉ : Informatique

École Doctorale 166 « Information Structures Systèmes »

Laboratoire d'Informatique (EA 931)

Evaluation de performances sur le standard IEEE802.16e WiMAX

par

Thierry PEYRE

Laboratoire d'Informatique d'Avignon

Remerciements

Tout d'abord je voudrais remercier M. Rachid EL-AZOUZI, son encadrement exemplaire et complet a été indéniablement une grande chance pour ma carrière future. Je voudrais de même le remercier ainsi que M. Abderrahim BENSLIMANE pour m'avoir accueilli au sein de la thématique Réseaux et Applications Multimedia du Laboratoire Informatique d'Avignon. Je leur suis grandement reconnaissant pour m'avoir encadré pendant toutes ces années d'étude. Je tiens également à remercier M. Alain JEAN-MARIE qui, bien qu'éloigné, a su à la fois me laisser une grande liberté de travail tout en se montrant disponible et concerné par mes besoins et mes requêtes. Je les remercie tous de s'être autant impliqués dans ce travail et de m'avoir fait profiter de leurs expériences.

Je remercie également ceux qui ont contribué à la réalisation, la correction et l'amélioration de ce document. Ainsi, je leur adresse toute ma gratitude et en particulier à Juan Manuel TORRES-MORENO, sa femme ainsi que la mienne qui ont relu, corrigé et commenté mon manuscrit.

Je remercie tous les membres de mon jury, M. Jalel BEN-OTHMAN et Merouane DEBBAH pour avoir accepté d'être les rapporteurs de ma thèse et enfin M. Eitan ALTMAN pour en avoir été l'examinateur.

De façon générale, je remercie tous les membres du personnel du Laboratoire Informatique d'Avignon. Plus particulièrement, je pense à Abderrezak RACHEDI et Ralph El-KHOURY avec qui j'ai passé plus de trois années de thèse inoubliable pleines de débats à haute valeur théologique.

Des remerciements chaleureux envers ma famille : ma femme, mes parents, ma soeur et son mari, mais aussi à mes grands mères, toujours fidèles à leur poste.

Je profite de cette page pour remercier l'ensemble des membres du laboratoire pour leur accueil, j'ai eu l'occasion de les côtoyer quotidiennement avec un réel plaisir pendant toutes ces années. Je remercie également le personnel administratif du laboratoire pour son efficacité et sa bonne humeur.

Enfin, j'exprime toute ma reconnaissance à Elie FABREGUETTES, Mickael LEFEBVRE et Damien ROQUES dont le soutien a très fortement contribué à la réussite de cette thèse. Je souhaite à tout le monde de pouvoir compter sur le soutien sans faille de personnes de cette qualité.

Résumé

Les dernières décennies ont connu l'apogée des transmissions hertziennes, et celles à venir connaîtront incontestablement le développement et le déploiement intense de systèmes de communications sans-fil. Dès à présent, il est possible de communiquer par onde sur petite et très petite distance (LAN et PAN). Les populations se sont familiarisées avec les interfaces bluetooth (IEEE802.15) présentes dans la majorité des objets communiquant (ordinateur portable, téléphone, pda, etc...). Les foyers s'équipent maintenant facilement et à bas prix d'interface Wi-Fi (IEEE802.11), afin de profiter d'une utilisation nomade de leur accès internet. Ainsi, la forte croissance du marché des offres internet combinée avec celle du marché des téléphones mobiles ont habitués un large spectre d'utilisateurs à communiquer sans fil. Ce contexte sociologique et financier encourage donc l'arrivée de solutions nouvelles répondant à des besoins latents. Parmi ceux-là, le marché met en évidence le manque de système de communication sur moyenne distance (MAN). Les réseaux ad-hoc peuvent répondre à ce genre de besoin. Mais à ce jour, les performances sont trop faibles pour les besoins des utilisateurs et elles dépendent trop fortement de la densité des machines nomades. Aussi, le consortium IEEE cherche au travers de sa norme IEEE802.16 à fournir un système complet de communication sans-fil sur moyenne distance (MAN). Appelé aussi WiMAX, ce système se base sur une architecture composée d'une station de base (BS) et de nombreux mobiles utilisateurs (SS). Le standard IEEE802.16 définit les caractéristiques de la couche physique et de la couche MAC. Il décrit l'ensemble des interactions et événements pouvant avoir lieu entre la station de base et les stations mobiles. Enfin, le standard fournit différents paramètres et variables servant aux mécanismes de communication. Comme tout nouveau standard émergeant, la norme IEEE802.16 ne profite pas d'un état de l'art aussi développé que celui du IEEE802.11 par exemple. Aussi, de nombreuses études et idées sont à développer.

En premier lieu, nous effectuons un large rappel de la norme WiMAX et en particulier le IEEE802.16e. Associé à cela, nous dressons un état de l'art des travaux traitant des aspects et perspectives liés au sujet de notre étude.

Par la suite, nous proposons un modèle novateur de performance des communications IEEE802.16e. Au travers de ce modèle, nous développons une étude générale et exhaustive des principaux paramètres de communication. L'étude explicite l'impact de ces paramètres ainsi que l'influence de leurs évolutions possibles. De cela, nous critiquons la pertinence de chacun d'eux en proposant des alternatives de configurations. En sus, nous proposons un mécanisme novateur favorisant le respect de qualité de service (QoS) sur couche MAC. Nous développons un principe original d'établissement de connexion favorisant l'accès aux communications sensibles aux délais de transmission.

Dans une dernière partie, nous déterminons la capacité d'un système IEEE802.16 à gérer les arrivées et départs des utilisateurs. Tout en y associant une étude de performance d'un nouvel algorithme de contrôle d'admission. Cet algorithme d'admission vise à remplir des objectifs multiples : empêcher les famines de ressources sur les trafics les moins prioritaires, favoriser l'admission des utilisateurs en maintenant une gestion optimale de la ressource radio. Notre étude aboutit à une modélisation et une critique des variations de paramètre associés à ce nouvel algorithme. Nous y intégrons par la suite le principe de mobilité où les utilisateurs ont la capacité de se mouvoir au sein d'une cellule. Cette intégration se fait en y associant des mécanismes originaux afin d'assurer la pérennité du service aux utilisateurs mobiles.

Table des matières

1 Introduction   11
    1.1 Le IEEE802.16 : principe et structure 14
         1.1.1 Objectif 14
         1.1.2 Structure 14
         1.1.3 Chronologie 16
    1.2 Couche physique 16
         1.2.1 Structure de trame 17
         1.2.2 Signalisation montante de contrôle 17
         1.2.3 Codage et Modulation Adaptatifs 19
    1.3 Couche MAC 20
         1.3.1 Protocole de changement de modulation 21
         1.3.2 Mode Point à Multi-Point 21
         1.3.3 Logique d'adressage 23
         1.3.4 Mécanismes de demande de ressources 24
         1.3.5 Ordonnancement 26
    1.4 Etudes antérieures 29
         1.4.1 Etudes contextuelles 30
         1.4.2 Modèles de performance 31
         1.4.3 Algorithmes de CAC et architectures de QoS 34
         1.4.4 Coordination et coopération multi-technologie 36
    1.5 Motivations de la thèse 36

I   Évaluation des performances utilisateurs sur couche MAC   39

2 Performances sur couche MAC des utilisateurs IEEE802.16e   41
    2.1 Formulation du problème 42
         2.1.1 Objectifs 42
         2.1.2 Hypothèses 42

	2.1.3	Environnement	43
2.2	Modèle		43
	2.2.1	Analyse par Point Fixe	43
	2.2.2	Performances	46
2.3	Analyses numériques		48
	2.3.1	Validation du modèle	49
	2.3.2	Impact des paramètres de communication	51
	2.3.3	Influence du nombre de codes	53
	2.3.4	Evolution du délai de réponse	55
	2.3.5	Analyse globale	57
2.4	Contributions et perspectives		58

3 Partitionnement des codes modulant de connexion — 61

3.1	Formulation du problème		61
	3.1.1	Motivation et Objectifs	61
	3.1.2	Environnements	62
3.2	Modèle		63
	3.2.1	Analyse par Point Fixe	63
	3.2.2	Performances	65
3.3	Analyse numérique		70
	3.3.1	Validation du modèle	71
	3.3.2	Apport du partitionnement	72
	3.3.3	Gains de performance	74
	3.3.4	Dépendance et approximation des distributions d'arrivée	77
3.4	Conclusion et perspectives		79

II Contrôle d'admission et de la mobilité d'une cellule IEEE802.16e — 81

4 Contrôle d'admission sur une cellule IEEE802.16e — 83

4.1	Formulation du problème		84
	4.1.1	Objectifs	84
	4.1.2	Environnement	84
	4.1.3	Description du système	85
	4.1.4	Algorithme du contrôle d'admission	85
4.2	Modèle théorique		86
	4.2.1	Définition des états du système	86
	4.2.2	Arrivées et départs du système	88
	4.2.3	Transitions d'état du système	90
4.3	Mesures de performance		93

		4.3.1	Débit total des trafics non temps réel	93

        4.3.1   Débit total des trafics non temps réel 93
        4.3.2   Temps moyen de séjour des appels non temps réel 93
        4.3.3   Probabilité de blocage des trafics temps réel 94
   4.4   Résultats et analyses numériques 95
   4.5   Bilan et perspectives 99

5   Gestion de la mobilité intra-cellulaire   103
   5.1   Formulation du problème 104
        5.1.1   Objectifs 104
        5.1.2   Environnement 104
        5.1.3   Description du système 105
        5.1.4   Algorithme du contrôle d'admission 105
   5.2   Modèle théorique 107
        5.2.1   Définition des états du système 107
        5.2.2   Arrivées et départs du système 108
        5.2.3   Transitions d'état du système 111
   5.3   Mesures de performance 115
        5.3.1   Débit total des trafics non temps réel 115
        5.3.2   Temps moyen de séjour des appels non temps réel 116
        5.3.3   Probabilité de perte des appels temps réel 116
        5.3.4   Probabilité de blocage des trafics temps réel 118
   5.4   Résultats et analyses numériques 119
   5.5   Bilan et perspectives 123

6   Conclusion Générale   125

Liste des Acronymes   131

Chapitre 1

Introduction

Contents

1.1	Le IEEE802.16 : principe et structure		**14**
	1.1.1	Objectif	14
	1.1.2	Structure	14
	1.1.3	Chronologie	16
1.2	Couche physique		**16**
	1.2.1	Structure de trame	17
	1.2.2	Signalisation montante de contrôle	17
	1.2.3	Codage et Modulation Adaptatifs	19
1.3	Couche MAC		**20**
	1.3.1	Protocole de changement de modulation	21
	1.3.2	Mode Point à Multi-Point	21
	1.3.3	Logique d'adressage	23
	1.3.4	Mécanismes de demande de ressources	24
	1.3.5	Ordonnancement	26
1.4	**Etudes antérieures**		**29**
	1.4.1	Etudes contextuelles	30
	1.4.2	Modèles de performance	31
	1.4.3	Algorithmes de CAC et architectures de QoS	34
	1.4.4	Coordination et coopération multi-technologie	36
1.5	**Motivations de la thèse**		**36**

Que l'on soit d'accord ou pas avec l'utilisation des systèmes de communication sans fil, le constat s'impose à nous-même : ces moyens répondent à un besoin clairement exprimé des populations, de se voir offrir une mobilité et une transparence de plus en plus large. Que ce soit pour une utilisation professionnelle ou personnelle. Les individus, maintenant de tout âge, veulent pouvoir profiter de leurs outils de communication sans se soucier de leurs modalités d'accès, ni de leurs procédures techniques requises. L'industrie observe et analyse maintenant le potentiel offert par la vulgarisation de la téléphonie multimédia mobile (3G, HSDPA), et la démocratisation des équipements domestiques sans-fil. C'est dans ce contexte que le consortium IEEE a mis en place un groupe de travail développant une solution prometteuse. Ce groupe a, au fil des années, abouti à la réalisation d'un nouveau standard : le IEEE802.16 ou « WiMAX ».

Ce standard vise à associer communications longues distances (plusieurs kilomètres) et hauts débits. L'IEEE a réussi ce tour de force en prenant ce qui faisait la force des principales technologies de communication actuelles : UMTS, HSDPA, Wi-Fi (IEEE802.11). Porté par ses objectifs ambitieux, le standard offre la possibilité d'interconnecter différentes technologies sur une large zone de couverture (Réseau urbain - MAN), ou alors de déployer son propre réseau cellulaire, à l'image des réseaux actuels de téléphonie mobile.

Toutefois, le standard, bien que maintenant clairement formalisé, recèle encore quelques éléments nécessitant des travaux plus approfondis, en sus de ceux déjà aboutis. Partant de la base d'un nouveau système, le consortium IEEE a dors et déjà spécifié ses préconisations sur tous les paramètres liés aux processus et aux algorithmes intervenant dans le standard. Néanmoins, il est primordial de définir un modèle de performance général faisant intervenir tout ces, ou du moins les principaux, paramètres de communications. De plus, le standard se cantonne à fournir les éléments de base de la communication, mais aucunement ceux relatifs à la gestion des utilisateurs eux-mêmes. Comment faire que chacun puisse être satisfait par les ressources obtenues pour leurs communications ? Quelles seront les règles de priorité entre les utilisateurs ? Quelle politique d'admission est à même d'assurer la meilleure gestion possible de la ressource radio ? Toutes ces questions doivent impérativement trouver leurs réponses avant de pouvoir envisager un déploiement de grande envergure.

Partant de ce constat, les chercheurs qu'ils soient universitaires ou industriels, désirent apporter à cette nouvelle technologie les outils et moyens nécessaires à sa pérennité et à son amélioration. Et au vu de son état actuel, la tâche est relativement ambitieuse. Sa première force est que tout système exploitant une architecture propriétaire s'octroie les faveurs des industriels et des fournisseurs de services. Les perspectives financières étant colossales, il n'en demeure pas moins qu'une exploitation à grande échelle demande encore une lourde charge de travail. En l'occurrence, la présente étude vise à étayer encore plus le matériel de recherche lié au standard IEEE802.16. Par ailleurs, nous reconnaissons à travers le WiMAX, le standard tirant le meilleur de la technique OFDMA couplée avec celle du CDMA. Aussi, nous estimons qu'il est fortement avantageux d'acquérir la maîtrise de ce type de technologie. Cette maîtrise pourrait à plus long terme faciliter notre aptitude d'étude et de conception des futurs systèmes de communication.

Au cours de cette thèse, j'ai eu l'opportunité de m'associer à un projet porteur de niveau national. Ce projet d'intégration, d'une durée de trois ans, s'inscrit dans le programme « télécommunication » de l'ANR pour l'année 2006. La présente thèse s'inscrit complètement dans la thématique de recherche développée par le projet. Nous avons choisi de nous intéresser dans cette thèse à la conception du modèle de performance propre à un système Point à MultiPoint (PMP). Premièrement parce que ce type d'étude est souvent basé sur un environnement restreint ou encore exploitent un cadre hypothétique trop réducteur. Deuxièmement, ce mode de fonctionnement constitue le principal accès à un engouement commercial et financier, aboutissant à moyen terme à un meilleur financement et encouragement des autres modes de fonctionnements (Réseaux Maillés en particulier).

Aussi, nous proposons tout d'abord dans un premier chapitre une vision globale du standard IEEE802.16e. En nous appuyant sur la documentation rendue disponible par l'IEEE, nous dressons le portrait technique, structurel, algorithmique et protocolaire de cette nouvelle norme. Par ailleurs, nous dressons un état de l'art des travaux réalisés sur ce standard en introduisant plus spécifiquement les problèmes soulevés par l'évaluation des performances, ainsi que la conception et l'étude des modèles de capacité des cellules IEEE802.16e.

A compté du second chapitre, nous développons exclusivement les travaux réalisés durant cette thèse. Premièrement, une approche de modélisation propre à ce standard qui aboutit à la réalisation d'un modèle de performance général. Ce modèle permet non seulement de caractériser le comportement du standard tel que défini par l'IEEE, mais aussi d'étudier l'évolution et les dérives du système dans un environnement différent. En outre, la mise en évidence de certaines contradictions dans le choix des variables d'environnement nous permettent de dresser un profil plus efficace de fonctionnement.

Le troisième chapitre développe un principe de gestion novateur des ressources associées aux mécanismes d'engagement de connexion. Ce principe se base sur un partitionnement des codes servant à l'envoi des demandes de ressources, en fonction du type de trafic lié à cette demande. Ce principe original offre un meilleur respect des impératifs de qualité de service des communications, et plus particulièrement la réduction du délai d'attente de la réponse donnant droit aux ressources demandées.

Le quatrième chapitre détaille la réalisation d'un nouveau modèle de performance lié à la capacité d'un système cellulaire IEEE802.16e. Ce chapitre exploite les éléments de contribution du précédent chapitre. Ces éléments sont alors injectés dans un nouveau modèle de performance d'une cellule IEEE802.16e. Ce modèle exploite la nature discrète des communications. L'étude traite des perspectives offertes par un algorithme original de contrôle d'admission des connexions (CAC). Ce dernier assure les impératifs de QoS demandés par les appels temps réel, l'équité d'accès aux ressources pour les appels non temps réel mais aussi une ressource minimale accessible aux utilisateurs les moins prioritaires.

Par la suite, un dernier chapitre, élargit l'étude et les propositions du chapitre précédent, en intégrant la gestion de la mobilité intra-cellulaire des utilisateurs. Tout en concervant les éléments de performances de notre algorithme de contrôle d'admission, la version décrite dans ce chapitre aboutit à une meilleure efficacité d'occupation des ressources radio. Pour cela, notre nouvel algorithme introduit une réservation de ressource pour les utilisateurs mobiles. Cette ressource compense le surplus de bande passante demandé par un appel en migration vers un secteur de modulation plus robuste.

L'ensemble de ces chapitres auront ainsi apportés des éléments nouveaux permettant une discution et une critique plus élargies des propriétés et perspectives de ce standard encore naissant.

1.1 Le IEEE802.16 : principe et structure

1.1.1 Objectif

Le standard IEEE802.16 vise à offrir un moyen de communication sans-fil à la fois innovant, rapide à déployer et à bas coût. En plus de cela, il entretient une interopérabilité complète avec l'ensemble des produits existants chez tous les constructeurs respectant les normes de l'IEEE. De par ses fonctionnalités, ce type de standard est un outil puissant facilitant la compétition des fournisseurs d'accès à l'internet sans-fil en fournissant une alternative performante aux méthodes d'accès filaires.

Par ailleurs, le standard est implicitement destiné à étendre le marché des solutions d'accès sans-fil en prenant en compte, dans son principe même, le caractère mobile des données multimédia ainsi que de leurs usagers. Ainsi, le standard IEEE802.16 cherche principalement à combler l'écart existant entre les solutions de communication sans-fil haut débit et celles de bien plus faible débit, mais qui assurent une gestion efficace de la mobilité.

1.1.2 Structure

Le standard IEEE802.16 décrit un système de communication avec infrastructure. Les échanges des données sont ainsi centralisés par un organe principal. Cette organisation est caractéristique d'une architecture cellulaire. Les unités communicantes, souvent nombreuses et relativement limitées en puissance et capacité de calcul, dialoguent exclusivement avec cet organe central. Les unités obtiendront un accès avec l'extérieur ou avec une autre unité de la cellule uniquement par le biais de cet élément principal.

1.1. Le IEEE802.16 : principe et structure

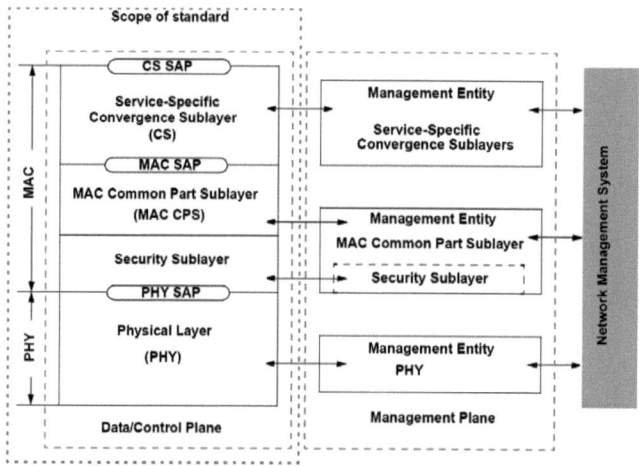

FIGURE 1.1 – *Structure en couche du standard IEEE802.16 (Forum, 2004)*

La figure 1.1 illustre le modèle de référence de la norme et précise les blocs fonctionnels qui relèvent spécifiquement du standard.

La couche MAC se compose de trois sous-couches. La sous-couche de convergence des services (CS) assure la transformation, et la représentation des informations réseaux extérieures reçues via le point d'accès de service (SAP). Ces informations proviennent en fait des unités de données de services (SDU) reçues par la deuxième composante de la couche MAC : sous-couche commune MAC (CPS). Cette sous-couche de convergence introduit la classification des unités de données des services réseaux extérieurs, et les associe à ses identifiants propres de flux de service MAC (SFID), ainsi qu'à ses identifiants de connexions (CID). De plus, cette sous-couche prend en charge certaines fonctions telles que la suppression des entêtes de données (PHS). De nombreuses spécifications sont disponibles pour cette sous-couche afin de la rendre interfaçable avec un grand nombre de protocoles. Le format des données issues de la sous-couche de convergence lui est propre, et la couche MAC commune (CPS) ne doit pas nécessairement pouvoir interpréter tout ou partie de ces données.

La seconde composante de la couche MAC est la sous-couche commune MAC (CPS). Elle fournit les principales fonctionnalités de la couche MAC en gérant l'accès au canal, l'allocation de bande passante, l'établissement et la maintenance des connexions. La sous-couche commune reçoit par exemple toutes les données utiles à la sous-couche de convergence des services.

Chapitre 1. Introduction

La couche MAC présente aussi une sous-couche de sécurité assurant l'authentification, l'échange sécurisé des clés de chiffrement, et le chiffrement des informations elles-mêmes.

Suivant une approche différente, le standard définit aussi les spécifications de la couche physique (PHY). Le rôle de cette couche est de formaliser les moyens d'échange des données entre la couche MAC et les éléments de la topologie. Cette couche intègre, entre autres, les différentes méthodes de consommation et d'utilisation de la ressource radio. Plus spécifiquement, la section 1.2 identifie les éléments de la couche physique qui nous intéresse. Enfin, il est à noter qu'une approche inter-couche est possible car la couche physique et la couche MAC peuvent s'échanger des informations via un module de point d'accès de service physique (PHY SAP).

1.1.3 Chronologie

La formalisation du standard IEEE802.16 correspond à une travail de longue durée. La standard s'est en premier lieu fixé des objectifs principaux pour après définir ses premières propriétés et caractéristiques. Par la suite, des objectifs de plus en plus ambitieux ont abouti à la distinction de versions, chacune améliorant la précédente en lui intégrant des fonctionnalités additionnelles. Le tableau 1.1 établit l'évolution chronologique de la norme, de son début jusqu'à la période d'engagement de la présente étude.

Version	Caractéristiques	Date
IEEE 802.16	Fréquences supérieures à 10 GHz	octobre 2002
IEEE 802.16a	Fréquences comprises entre 2 et 11 GHz	octobre 2003
IEEE 802.16b	Fréquences comprises entre 10 et 60 GHz	Fusionné avec la version a
IEEE 802.16c	Fréquences libres	janvier 2003
IEEE 802.16d	Intégrant tous les standards antérieurs	octobre 2004
IEEE 802.16e	Intègre la gestion de la mobilité	février 2006

TABLE 1.1 – *Historique du standard IEEE802.16*

1.2 Couche physique

Cette section traite de la couche physique définit par le standard IEEE802.16e. Le standard permet l'utilisation de différentes couches physiques en fonction de l'utilisation visée par le système de communication : portée, débit, tolérance aux obstacles... L'étude menée ici traite uniquement de la version de couche physique assurant l'accès multiple par division de fréquences orthogonales (OFDMA) initialement developpé par Sari et Karam (Sari et Karam, 1995). Cette technique d'exploitation efficace du spectre est destinée aux transmissions sans ligne de vue directe (NLOS) et pour des fréquences inférieures à 11 GHz. Ces fréquences étant soumises à des organismes de gestion des ressources radio (ART en France par exemple), les fréquences utilisées doivent être acquises via des licences d'autorisation. La ressource radio se trouvant ainsi limitée à un spectre borné, les ressources devront être partagées entre les utilisateurs.

1.2.1 Structure de trame

L'exploitation du canal dans le standard IEEE802.16e se fait par une division combinée en temps et en fréquence. La trame est construite par les séquences de transmission de la station de base (BS) et des clients mobiles (SS). Chaque trame se décompose en deux sous-trames : chronologiquement, le lien descendant (DL) et le lien montant (UL). La figure 1.2 représente le schéma structurel d'une trame telle que définie dans le standard IEEE802.16e dans un mode de fonctionnement TDD-OFDMA.

Le lien descendant contient les envois de la BS à l'ensemble des SS de sa cellule. Chronologiquement, le lien descendant contient une carte de la sous-trame du lien descendant (DL-MAP), puis une autre du lien montant (UL-MAP). Ces informations sont entre autres visibles sur la figure 1.2. DL-MAP et UL-MAP sont positionnées en début de la sous-trame du lien descendant. Notez que la UL-MAP figure ici à l'intérieur du « DL-burst ♯1 », destinés à tous les utilisateurs. Ainsi, les SS prennent connaissance des espaces temps-fréquences (ou sous-porteuses) qui leur sont destinés ou alloués respectivement pour recevoir et émettre leurs données de trafic. Cet ensemble de sous-porteuses définit un sous-canal de transfert de données assigné à la seule connexion de la SS qui l'a engagée. La sous-trame du lien descendant se compose, ensuite, de l'ensemble des espaces de transmission (DL burst) tels que définis par la DL-MAP.

Le lien montant se compose des émissions des SS vers la BS. Cette ressource devant se partager entre toutes les SS, l'émission sur lien montant obéit au procédé DAMA : accès multiple par demande assignée. Ce procédé sera décrit dans la section 1.3. Les SS transmettent donc leurs données via leur espace alloué (UL burst), information obtenue par lecture de la UL-MAP. Il est à noter que la sous-trame de lien montant contient un espace de fréquence intitulé *Ranging Subchannel*, par lequel les SS effectuent leurs signalisations montantes de contrôle.

Afin de maintenir une bonne synchronisation entre les SS et l'architecture, les deux sous-trames DL et UL sont espacées par un temps TTG : espace de transition émetteur/receveur. De plus, deux trames complètes sont elles-mêmes séparées par un temps RTG : espace de transition receveur/émetteur.

1.2.2 Signalisation montante de contrôle

Afin de signaler des événements spécifiques, les SS émettent des signalisations (*Ranging*) en direction de la BS. Ces signalisations sont de différentes natures en fonction du type d'événement à signaler. Le standard IEEE802.16e établit quatre catégories de signalisation : l'initialisa-

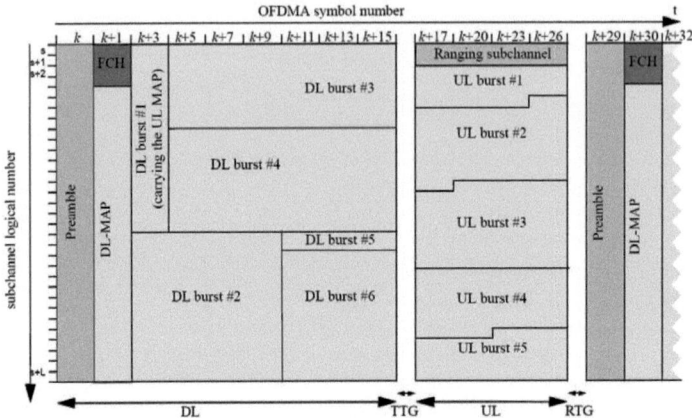

FIGURE 1.2 – *Structure d'une trame IEEE802.16e-OFDMA (Forum, 2004)*

tion de connexion (*Initial Ranging*), la demande de migration de cellule (*Hand-Over Ranging*), la demande de bande passante (*Bandwidth Request Ranging*) et la demande périodique (*Periodic Ranging*).

De manière générale, l'espace temps-fréquence (*Ranging Channel*) de ces signalisations se situe dans le lien montant de la trame IEEE802.16e (voir figure 1.2). Ce *Ranging Channel* se compose d'un groupe ou plus de six sous-canaux, tous adjacents. La position de ces groupes est renseignée aux SS via l'UL-MAP. La transmission des signalisations utilise un ensemble de 256 codes orthogonaux (codes CDMA) codés sur 144 bits. Ces codes sont distribués entre les quatre types de signalisation possibles. Un utilisateur désirant émettre une de ces signalisations choisit aléatoirement un des codes disponibles dans le sous-ensemble propre à sa famille de signalisation. Ce code est alors transmis via une modulation par phase binaire (BPSK).

– **Initialisation de connexion** : l'initialisation de connexion (ou Initial Ranging) est utilisée par une SS dès lors qu'elle désire se synchroniser pour la première fois à une BS. Ce message est envoyé sur un premier intervalle de contention : intervalle de signalisation d'initialisation (Initial Ranging Interval).

– **Demande de migration de cellule** : ce type de *Ranging* demande l'engagement d'une procédure de Hand-Over afin que la SS puisse se rattacher à une autre BS tout en conservant la pérennité des services en cours. Ce message est envoyé sur le même intervalle que ceux

1.2. Couche physique

d'initialisation de connexion : Initial Ranging Interval.

- **Demande de bande passante** : ce type de *Ranging* est la première étape à l'engagement d'un flux de service vers la BS. Par ce type de requête, la SS demande à la BS de lui allouer un nombre déterminé de fréquences et d'unités de temps qui définiront son sous-canal de transmission. La plage temps-fréquence demandée, et les détails de la connexion dépendront du type de service voulu (voir la sous-section 1.3.5). Les mécanismes liés à ce type de signalisation sont détaillés dans la section 1.3.4.

- **Demande périodique** : ce type un peu particulier constitue des signalisations de contrôle. La SS est amenée à émettre ce type de signalisation sur demande de la BS afin de pouvoir engager des opérations de maintenance : adaptation du débit, mesure de puissance, changement de modulation, ...

1.2.3 Codage et Modulation Adaptatifs

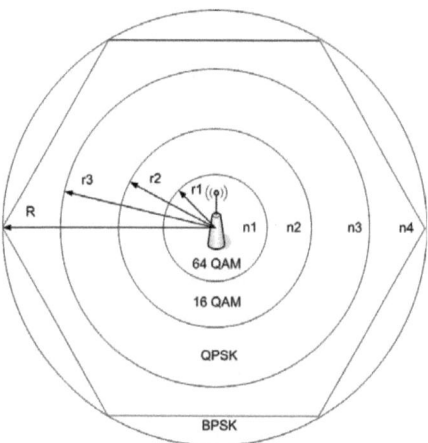

FIGURE 1.3 – *Décomposition en secteur d'une cellule IEEE802.16e*

Le principe de communication en point à multipoint du standard IEEE802.16e définit une architecture cellulaire décomposée en secteurs. La figure 1.3 présente un exemple de décomposition d'une cellule IEEE802.16e en secteur, ces secteurs correspondent aux différentes modulations et taux de codage accessibles aux SS et à la BS de la cellule. Cette représentation en secteurs concentriques est un exemple de formalisation valable uniquement lorsqu'on considère un modèle de propagation basé sur le *path loss*. Dans ce type de modèle, l'affaiblissement du signal dépend essentiellement de la distance entre émetteur et récepteur et non des obstacles à la propagation des ondes radios. Aussi, suivant ce modèle de propagation, les seuils de rapport signal sur bruit définissent les rayons respectifs des secteurs. Néanmoins, il est important de préciser que d'autre modèle de propagation peuvent être considérer. D'une manière générale, le profil de modulation et de codage dépend directement du rapport signal-bruit (SNR) du récepteur. Les éléments IEEE802.16e peuvent ainsi adapter leur modulation et leur codage à la qualité du canal de transmission, afin d'optimiser l'utilisation des ressources radio tout en conservant un taux de perte acceptable. Le tableau 1.2 présente les différents codages et modulations possibles dans le standard. Ces paramètres de transmission assurent un taux de perte de blocs de donnée (BLER) inférieur à une perte d'un bloc pour un million transmis.

Modulation	Codage	bit/symbole	CINR mini.
QPSK	1/2	9.4	5
QPSK	3/4	11.2	8
16-QAM	1/2	16.4	10.5
16-QAM	3/4	18.2	14
64-QAM	1/2	21.2	16
64-QAM	2/3	22.3	18
64-QAM	3/4	24.4	20

TABLE 1.2 – *Modulations et taux de codages adaptatifs sur le IEEE802.16e*

1.3 Couche MAC

La couche MAC contrôle la manière dont les éléments communicant accèdent et consomment la ressource radio. Le standard IEEE802.16e propose deux modes de fonctionnement : réseau maillé (Mesh) et point à multipoint (PMP). La présente étude porte exclusivement sur le dernier mode. Cette section vise à détailler aussi précisément que possible les mécanismes intervenant dans cette couche réseau. Premièrement, elle décrit le protocole organisant le changement dynamique du profil de modulation et de codage pour les transmissions montantes et descendantes. Par la suite, nous identifions la logique d'adressage ainsi que les principes, caractéristiques et algorithmes des demandes de connexion. De là, nous décrivons les classes de trafic liées à la Qualité de Service (QoS). Notez que la Qualité de Service correspond ici à l'aptitude du système de communication à fournir et entretenir les impératifs de performances associés à un service spécifique (transfert de fichier, téléphonie, vidéos, ...).

1.3.1 Protocole de changement de modulation

Le profil de modulation (Burst profil) sur les liens descendants et montants est géré indépendamment par chaque SS. Il est donc à la charge des SS de maintenir le profil le plus efficace sur ses voix de transmissions. Ceci permet de réduire la consommation des ressources. Ainsi, les SS évaluent continuellement le rapport entre la puissance reçue de la porteuse avec les interférences et bruits de réception (CINR). La SS le compare alors avec la plage des CINR acceptables pour le profil de modulation actuellement utilisé. Si le CINR sort de la plage permise, la SS demande alors à la BS un changement de profil de modulation. Si la SS demande l'utilisation d'un profil plus robuste (modulation de moindre débit), elle informe la BS via une demande de changement de profil de modulation sur le lien descendant (DBPC request) ou envoi une requête sur l'intervalle de temps réservés aux initialisations de connexion. Le message DBPC est envoyé en queue de paquet du service en cours. Dans le cas où la SS demande un profil moins robuste, seul l'envoi d'un message de type DBPC est possible. Par ailleurs, les processus de changement diffèrent en fonction du sens de changement du profil : les figures 1.4 et 1.5 présentent les chronogrammes de changement du profil de modulation vers, respectivement, un profil plus robuste et un profil plus rapide. De plus, les figures 1.6 et 1.7 montrent respectivement les algorithmes d'envoi et de traitement de la réponse opérés par les SS.

Notons que pour toutes ces figures, les profils de modulation X, Y et Z sont classés par ordre décroissant de robustesse. De plus les *timer* T_{28} et T_{29} sont des comptes à rebours enclenchés pour les demandes de changements de modulation ; respectivement vers un profil moins et plus robuste. La figure 1.7 montre que ces deux comptes à rebours sont initialisés suite à un refus venant de la station de abse. Aussi, avant toute nouvelle demande de changement de profil, la SS doit s'assurer qu'un certains temps s'est écoulé entre les deux demandes. Enfin, le *timer* T_{30} correspond au temps autorisé pour l'attente de la réponse de la BS pour un changement de modulation. Par ailleurs, le passage d'un profil à un autre de moindre robustesse est possible sans attendre l'autorisation de la BS. En effet, ce changement n'implique pas une consommation supplémentaire des ressources radio. Par contre, le cas inverse nécessite une autorisation explicite de la BS, attestant ainsi que le canal radio dispose d'assez de ressources libres pour supporter un tel changement. Dans cet optique, la demande de changement requièrt logiquement l'envoi d'une requête explicite de type *ranging request*.

1.3.2 Mode Point à Multi-Point

Dans le mode Point à Multi-Point, seule la station de base communique directement avec les éléments mobiles au travers du lien descendant. Aussi, deux éléments mobiles désirant échanger des informations passent impérativement par la station de base. Le standard IEEE802.16e se base sur une architecture cellulaire dont la station de base est le centre. La cellule est décom-

Chapitre 1. Introduction

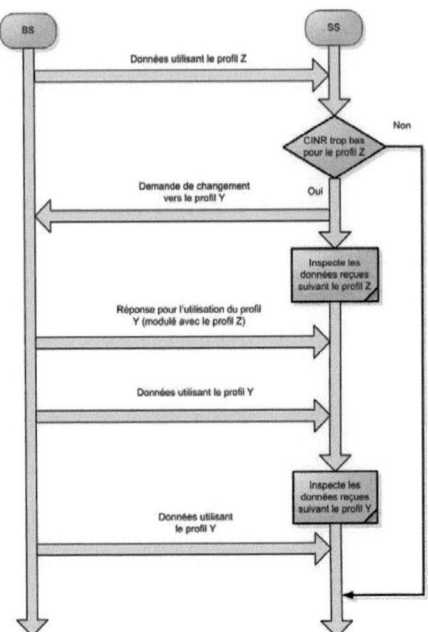

FIGURE 1.4 – *Chronogramme pour un changement de profil de modulation plus robuste*

posée en secteurs. Tous les mobiles reçoivent les mêmes informations via le lien descendant, exclusivement diffusées par la station de base sur toute la cellule. Les mobiles accèdent aux informations qui leurs sont destinées en y recherchant leurs identifiants de connexion (CID). Le lien montant est quant à lui formé par la réunion des émissions singulières et synchronisées de chaque élément mobile en activité. Toute émission sur le lien montant doit être préalablement autorisée par la station de base, qui entre autres y associe les droits spécifiques d'accès au canal : les mobiles peuvent disposer d'un droit d'accès continu ou soumis à des demandes répétées périodiquement. Les différents régimes d'autorisation seront détaillés dans la section 1.3.5.

Notons ici que les communications PMP assurent aisément les diffusions larges (Broadcast) à tous les mobiles, à des groupes spécifiques (Multicast), ou encore à un mobile en particulier (Unicast).

1.3. Couche MAC

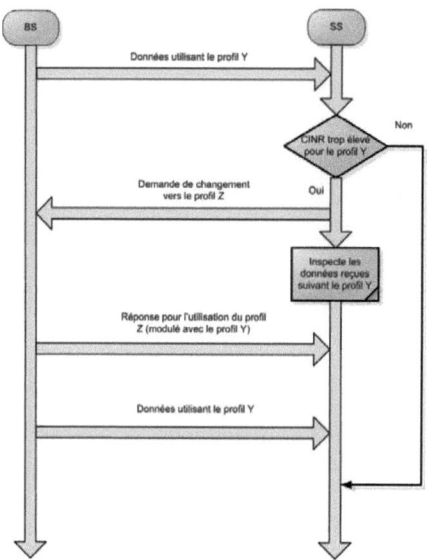

FIGURE 1.5 – *Chronogramme pour un changement de profil de modulation moins robuste*

Le point primordial caractérisant les communications du standard IEEE802.16e est qu'elles sont orientées connexion. Ainsi, toute transmission sera associée à l'établissement préalable et l'entretien d'une connexion. Ce procédé assure, à chaque type de transmission, une connexion associée offrant une qualité de service (QoS) adéquate.

1.3.3 Logique d'adressage

Chaque SS dispose d'une adresse MAC universelle codée sur 48 bits, telle que définit par le standard IEEE802 - 2001 (Forum, 2001). Cette adresse unique identifie une SS vis à vis de tous les fabriquants et équipements existant. Cette adresse est utilisée à la première connexion (*Initial Ranging*). Elle peut ainsi faire partie d'un mécanisme d'authentification de la SS par la BS.

Les connexions sont quant à elles caractérisées par un identifiant codé sur 16 bit : le CID. Notons ici que les CID définissent une connexion full duplex en établissant simultanément un sens montant et descendant. Une SS dispose donc d'un CID pour chacune de ses connexions.

Chapitre 1. Introduction

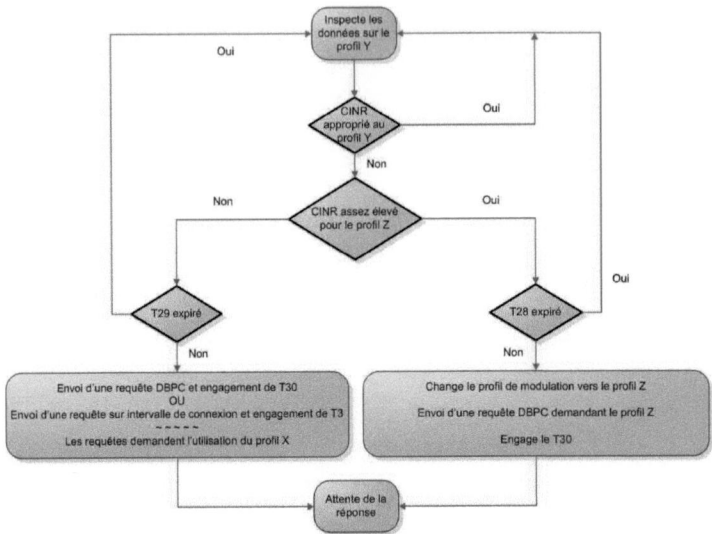

FIGURE 1.6 – *Algorithme d'envoi d'une requête de changement de profil de modulation*

Ces CID lui servent alors à identifier la connexion concernée par une éventuelle actualisation des ressources requises.

1.3.4 Mécanismes de demande de ressources

L'accès au canal du standard IEEE802.16e se base sur des connexions de type DAMA. Le DAMA, ou accès multiple sur demande est une technologie utilisée afin d'assigner une ressource à un utilisateur qui n'en aura pas besoin indéfiniment. La BS, en se basant sur le DAMA, alloue donc une ressource à la suite d'une requête émise par une SS. Quand cette ressource n'est plus utilisée, la BS a alors tout le loisir de l'assigner à une nouvelle connexion.

Requête sur intervalle de contention

Dès lors qu'une station mobile a un besoin en ressource de transmission, elle engage une requête (BWR), la classe de service désirée et les paramètres qui y sont associés. Cette requête

1.3. Couche MAC

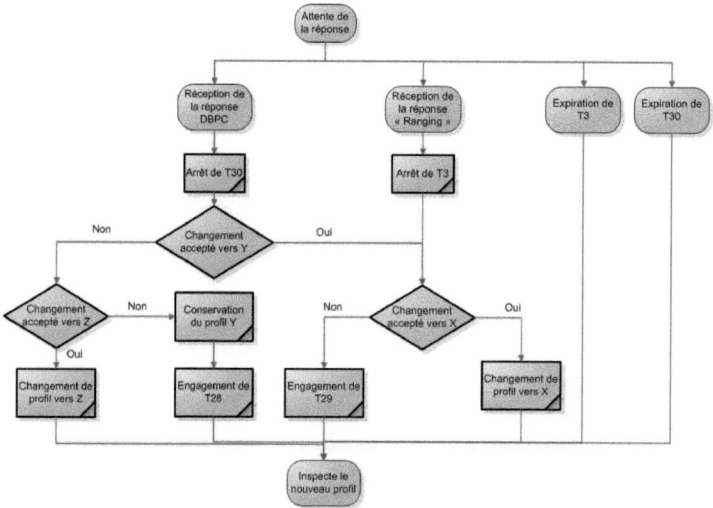

FIGURE 1.7 – *Algorithme de traitement des réponses de changement de profil de modulation*

est transmise via l'intervalle de demande de bande passante (*bandwidth request ranging interval*). Cet intervalle est soumis à la compétition entre toutes les SS désirant faire de même. Néanmoins, tel qu'indiqué dans la sous-section 1.2.2, les SS utilisent pour cela le principe d'accès multiple par codes orthogonaux (CDMA). Le grand nombre de codes disponibles diminue fortement les risques de collision. Pour cela, la SS désirant émettre une telle requête conserve la plage totale de codes, ceux réservés aux signalisations de demande de bande passante. Parmi ces codes, la SS sélectionne aléatoirement et de manière uniforme un de ces codes orthogonaux. Ce code servira à la modulation de la requête. Les codes étant tous orthogonaux entre eux, la requête n'interférera pas avec une autre requête utilisant un autre code.

Ce mécanisme de connexion est celui suivi par n'importe quelle nouvelle connexion, qu'elle que soit sa classe de trafic. Néanmoins une autre méthode existe. Dérivée du précédent, elle est utilisée par les trafics demandant une modification des ressources qui leurs sont allouées. Spécifiquement utilisé par les trafics non-interactifs, UGS, ertPS et rtPS (voir section 1.3.5); ce mécanisme consiste à attacher, en fin de paquet de transmission, la demande de mise à jour des ressources désirées (*piggyback request*). Cette modification assure au trafic une prise en charge immédiate de la requête par la BS en évitant tout risque de collision sur l'intervalle de contention.

Mécanismes d'attente et de retransmission

Dans la mesure où la requête est correctement reçue par la BS, la BS formalisera une réponse en fonction de son contrôle d'admission des connexions (CAC) et des ressources demandées par la SS. La réponse sera diffusée au travers de la UL-MAP d'une des trames MAC suivantes. Afin que chaque SS reconnaisse sa propre réponse, celle-ci est identifiée par le couple adresse MAC de la SS et CID qu'il lui a été donné. Notons ici que ce protocole de demande de ressource impose à la BS la réalisation d'une longue séquence d'action. Cette séquence se compose de déchiffrage de toutes les requêtes émises simultanément par les SS de la cellule, vient alors la consultation des ressources disponibles, suivi par la classification des demandes en accord avec la politique de contrôle d'admission de la BS et enfin la formulation des différentes réponses. Toutes ces étapes demandent un certain temps de traitement susceptible de prendre plusieurs millisecondes. Aussi, la réponse à une requête se situe toujours à plusieurs trames MAC de celle ayant servie à l'envoi de la requête. Cette caractéristique sera un des éléments importants de la présente étude.

Le standard IEEE802.16e offre la possibilité d'obtenir des ressources en faisant plusieurs tentatives d'envoi de requête. En premier lieu, la SS venant d'émettre une requête laisse le temps à la BS de traiter et de formuler sa réponse. Ce temps d'attente est borné par un compte à rebours intitulé T_3 dans le standard. Au delà de ce temps, la SS considère que sa demande est rentrée en collision avec d'autres sur le canal de contention. Il est, par ailleurs, possible que la demande soit correctement arrivée à la BS, mais que celle-ci n'ai pas été retenue par le module de traitement des requêtes. Dès lors que la SS ne reçoit pas de réponse, elle engage alors un algorithme incrémental exponentiel de *backoff*. Ce processus s'opère de la même manière que dans le standard IEEE802.11. En d'autres termes, la SS définie une fenêtre de temps pour ensuite attendre durant un temps aléatoire et uniformément réparti sur cette fenêtre. A expiration de ce temps, la SS engage l'émission d'une nouvelle requête. A chaque échec consécutif, la SS multipliera la fenêtre de temps du *backoff*. En outre, le standard définit un nombre maximal d'essais au bout duquel la demande de connexion est abandonnée. Dès lors qu'une tentative de connexion est satisfaite, le fenêtre de temps est réinitialisée, ainsi que le décompte des retransmissions autorisées.

La figure 1.8 suivante présente l'algorithme suivi par les SS dans une cellule IEEE802.16e. La figure décrit le comportement des SS visant à établir une connexion avec la BS.

1.3.5 Ordonnancement

Les outils d'ordonnancement sur couche MAC ont pour but d'assurer une gestion efficace des différents appels en accord avec les classes de service auxquelles ils sont rattachés. La planification des ressources liées à un appel s'appuie alors sur un ensemble déterminé de critères

1.3. Couche MAC

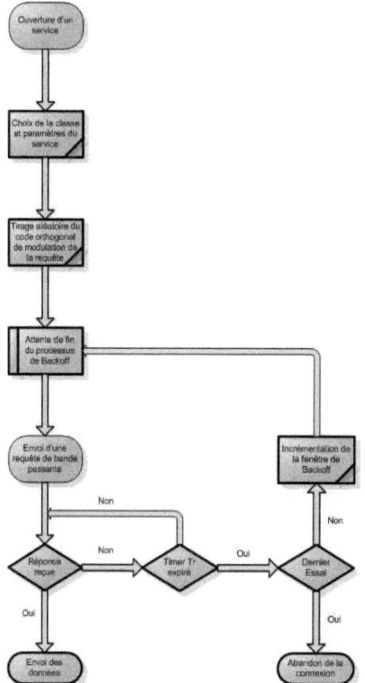

FIGURE 1.8 – *Algorithme d'ouverture d'un service sur voix montante*

de Qualité de Service. Chaque appel est associé à une classe de service. A ce jour, quatre classes de service sont proposées dans le standard : le service à acceptation non-sollicitée (UGS), le service temps réel (rtPS), le service de transfert de données (nrtPS) et trafic interactif (BE). En outre, une dernière classe a récemment intégrer le standard constituant une extension du service temps réel (ertPS).

- **UGS (Unsolicited Grant Service)** : la classe UGS est destinée à supporter les flux de données temps réel caractérisés par une taille fixe de paquets reçus périodiquement. Cette classe est donc destinée aux services T1/E1 et la voix sur IP (VoIP) sans suppression de silence. Les paramètres de QoS associés sont alors le débit maximum et minimum à réserver pour le trafic (souvent les mêmes), le délai maximum, la gigue tolérée et la périodicité désirée des opportunités de transmission. La SS conserve un délai optimal par le fait qu'aucune requête n'est envoyée dans le sous-canal de contention une fois le service engagé. Cette classe de trafic élimine donc les données et délais induits par des requêtes de bande passante répétées. La BS réserve alors périodiquement à la SS une partie des ressources radio disponibles. La quantité réservée est initialement égale au débit maximum demandé.

- **rtPS (real time Polling Service)** : la classe rtPS est destinée à traiter les trafics temps réel pour lesquels la taille des paquets de flux de données sont variables et à intervalle régulier. Aussi, cette classe est utilisée pour les trafics vidéo tels que le MPEG, H.263, ... Les paramètres de Qualité de Service s'articulent autour d'un débit minimum réservé pour le trafic vidéo, d'un débit maximum acceptable, d'un délai maximum et enfin d'une périodicité de mise à jour du débit désiré. La SS, engageant un trafic rtPS, a la possibilité de mettre à jour ses paramètres de performance en incorporant périodiquement de nouvelles requêtes de ressource en queue des paquets de données, durant l'intervalle de contention. Cette classe respecte donc les trafics sensibles au délai en évitant aux requêtes de mise à jour les collisions impliquées par l'intervalle de contention. Par ailleurs, la SS a tout loisir d'indiquer à la BS quelle périodicité de mise à jour requièrt le trafic engagé.

- **ertPS (extended real time Polling Service)** : la classe ertPS est destinée à supporter les flux de données temps réel caractérisés par une taille variable de paquets reçus périodiquement. Cette classe est donc destinée aux services de voix sur IP (VoIP) avec suppression de silence. Les paramètres de Qualité de Service s'articulent autour d'un débit minimum réservé pour le trafic vidéo, d'un débit maximum acceptable, d'un délai maximum mais sans indicateur de périodicité de mise à jour. La SS engageant un trafic ertPS a la possibilité de mettre à jour ses paramètres de performances en incorporant, quand cela est nécessaire, de nouvelles requêtes de ressources en queue des paquets de données ou durant l'intervalle de contention. Cette classe respecte donc les trafics sensibles au délai en évitant aux requêtes de mise à jour, les collisions impliquées par l'intervalle de contention. Par ailleurs, cette classe de trafic réduit le trafic de signalisation et le délai d'évolution pour les ressources allouées dynamiquement. De plus, l'allocation variable des ressources pour les appels ertPS permet d'éviter le gaspillage de ressource sur lien montant, comme cela peut être le cas sur les appels UGS. En fait, cette classe propose une alternative entre les trafics UGS et rtPS.

- **nrtPS (non real time Polling Service)** : la classe nrtPS doit quant à elle permettre la bonne gestion des trafics insensibles au délai mais requérant un débit minimum. La taille des paquets peut donc être variable, ainsi que le délai entre deux transmissions de paquets. Cette classe est donc tout à fait adéquate au protocole de transfert de fichiers (FTP). Les paramètres de Qualité de Service sont : un débit minimum de trafic à réserver, le débit maximum possible pour la connexion et une priorité de trafic. Une fois la connexion engagée, la SS devra impérativement émettre une nouvelle requête de bande passante pour pouvoir prétendre à un autre débit.

- **BE (Best Effort)** : la classe BE est dédiée aux trafics n'exigeant pas de niveau de performance particulier. Les paramètres de QoS sont uniquement liés au maximum de débit possible pour la connexion et à la priorité de trafic. Comme pour la classe précédente, la classe engage une nouvelle connexion pour tout nouveau besoin de ressource.

1.4 Etudes antérieures

Ce chapitre décrit les éléments de littérature dans lequel le travail engagé dans cette thèse puise ses motivations. Une première partie recense les études dites contextuelles. Elles analysent et identifient les forces et faiblesses du standard IEEE802.16, ainsi que les différentes perspectives et projections futures sur l'importance et la rapidité de déploiement de cette technologie. Une seconde partie traite des travaux proposant différents modèles de performances. Certains de ces travaux présentent des formulations théoriques adéquates et éprouvées aux enjeux de la présente étude. D'autres se singularisent par leurs conclusions qui contribuent fortement à la déclaration et l'approfondissement des nouvelles pistes de recherche ayant motivées cette thèse. Une troisième partie élargie le champs d'étude vers les articles associés aux modèles de capacité et de contrôle d'admission dans le standard IEEE802.16. Ces travaux abordent les principaux moyens et outils de modélisation de la capacité d'une cellule IEEE802.16 avec ou sans la gestion de la mobilité des utilisateurs. Par ailleurs, les algorithmes de contrôle d'admission, qui y sont proposés et étudiés, apportent les premiers éléments pouvant constituer un algorithme de contrôle abouti et général pour ce standard. En outre, ces travaux mettent aussi en évidence les problèmes subsistant dans tout contrôle d'admission, et qui demandent encore d'être résolus. Enfin, une dernière partie traite succinctement des perspectives de coopération et d'interaction du standard IEEE802.16 (WiMAX) avec le IEEE802.11 (Wi-Fi), ainsi que le HSDPA. Ces travaux ont pour but de formaliser la capacité du WiMAX à fonctionner de pair avec les autres technologies de communication existantes. Cette partie apporte ainsi des éléments supplémentaires motivant et orientant la présente étude.

1.4.1 Etudes contextuelles

Dans un premier temps, nous mettons en évidence les analyses globales du standard IEEE802.16. Différentes études proposent en effet une appréciation qualitative et quantitative des projections faites sur ce standard.

Différents travaux abordent en effet une analyse qualitative générale de la technologie IEEE802.16, en la comparant souvent avec les spécificités des autres technologies majeures déjà existantes. Ainsi, (Barry et al., 2005) présente et résume les principales originalités et principes du standard IEEE802.16. L'auteur y intègre une dimension économique, ainsi que les perspectives d'évolution ayant conduit à la réalisation de la version -e- du standard. Suivant une logique similaire d'étude, (Ma et Jia, 2006) présente une analyse intelligente dites « SWOT », des forces et faiblesses du standard vis à vis de ses aptitudes de compétition et de coopération avec les autres principales techniques de communication sans-fil. Cette étude exprime que le standard présente des perspectives plus complémentaires que concurrentielles. L'auteur précise, entre autres, que les performances des systèmes de communication de troisième et quatrième génération (3G et HSDPA) demeureront, à court et moyen terme, les technologies prédominantes. Mais il met également en avant les forts avantages de considérer le standard IEEE802.16e comme la technique majeure d'interconnexion de toutes ces technologies entre elles. Il en résulte un intérêt grandissant pour les travaux relatifs à la coopération, l'interconnexion et la possibilité de migration dynamique de technologie (handover vertical).

Dans une approche plus quantitative, d'autres études exploitent les caractéristiques propres au standard afin de mettre en évidence les perspectives de performance, de compétitivité et de déploiement. Par exemple, (Smura, 2004) correspond à une thèse traitant des différents critères de performance caractérisant un système de communication IEEE802.16. Il met particulièrement en avant les relations entre la capacité de couverture, de débit et d'accueil du système, ainsi que ses perspectives tarifaires. L'auteur conclue son étude en indiquant que ces systèmes de communication ne sont pas encore capables de supplanter les accès internet domestiques xDSL ou ceux sur fibre optique (IEEE802.11, ADSL et VDSL), mais qu'ils constituent à ce jour la meilleure alternative aux réseaux étendus, ruraux ou caractérisés par une topologie géographique fortement accidentée. Dans ces dernières conditions, le faible coût de déploiement et le fort débit offert en font la technologie prédominante. En outre, l'auteur précise que les perspectives économiques les plus profitables se basent sur la gestion native de la mobilité et de la Qualité de Service. En effet, ce type de capacité est susceptible de motiver une surtaxation pour tout utilisateur désireux d'en profiter. En parallèle à cela, nous trouvons une étude aussi pertinente : (Ghosh et al., 2005) relative cette fois au standard IEEE802.16d. Elle présente les premiers indicateurs de performances réelles obtenues sur des déploiements opérationnels. L'expérimentation fait état d'un débit maximum de 3 Mbit/s sur une couverture de quelques kilomètres. De plus, l'auteur précise que dans ces conditions d'exploitation, environ 25 % des utilisateurs ne peuvent accéder à plus de 1.5 Mbits/s. Ces observations ont été obtenues sur des interfaces simple antenne et sur une cellule exploitant trois profils de modulation (Burst profiles). L'auteur rajoute que l'utilisation de mobile double antenne à l'intérieur d'une cellule décomposée en six secteurs aboutit à un débit maximum de 7 Mbits/s où seulement 2 % des utilisateurs disposent d'un débit inférieur à 1.5 Mbits/s. En conclusion, l'auteur développe différentes perspectives en fonction des améliorations qui peuvent être visées dans le futur de cette technologie.

Enfin, nous trouvons dans la documentation électronique trois éléments clés : (Forum, 2004), (Forum, 2005) et (Forum, 2008). Ces trois références constituent la principale base bibliographique sur le standard IEEE802.16. La première correspond au forum impliquant l'ensemble des communautés libres, industrielles et littéraires travaillant sur le standard. Ce forum représente la base de connaissance primordiale à l'ensemble de cette étude. La seconde ainsi que la dernière référence correspondent aux standards eux-mêmes, respectivement le IEEE802.16d et le IEEE802.16e. Ces deux références sont indissociables car la dernière est en fait composée d'un ensemble de mises à jour de la première. Enfin, des travaux en cours portant généralement sur les techniques de transmissions sans-fil : les références (Tse et Viswanath, 2005) et (Smith et Meyer, 2004) constituent une base de connaissance théorique importante. A la manière des références précédentes, ces ouvrages fournissent un grand nombre d'outils théoriques et contextuels relatifs aux techniques de transmissions sans-fil. Le dernier a notamment l'avantage d'explorer les réseaux étendus et cellulaires ainsi que les perspectives et moyens d'interconnexions entre eux.

1.4.2 Modèles de performance

La littérature propose tout un ensemble de modèles de performance originaux ou inspirés de travaux antérieurs. Néanmoins, certaines références spécifiques apportent une contribution notable et fortement utile dans le champs de recherche de cette thèse. Aussi, nous proposons ici un ensemble sélectionné de références traitant des sujets propres ou annexes au standard IEEE802.16. Ces travaux antérieurs peuvent être décomposés en trois principales catégories présentant néanmoins des éléments communs. La première catégorie contribue aux travaux de recherche par l'élaboration de modèles originaux, qui peuvent servir de base théorique majeure en vue d'établir un modèle propre au standard et à ses spécificités. La seconde, développe des études de performance spécifiques au standard, et centrées sur les mécanismes d'engagement et d'établissement de connexion. Quant à la dernière catégorie, elle s'intéresse aux performances de l'architecture d'un système IEEE802.16. Ces travaux définissent des architectures simples ou multi-cellulaire exploitant ou non le principe de modulation adaptative.

En suivant cette décomposition logique, nous mettons en lumière l'article (Kumar et al., 2006) portant sur la formulation d'un point fixe de l'analyse connue de Bianchi pour le IEEE802.11 (Bianchi, 2000). L'auteur propose une simplification considérable et généralisée de l'analyse de Bianchi. Dans ce cadre plus général, l'étude développe la solution du problème de point fixe, ainsi que les mesures de performance qui en découlent. Tout en démontrant l'unicité de la solution du problème de point fixe, l'auteur formule des relations exemptes de toute complexité calculatoire. Mais qui intègre l'ensemble des paramètres de *backoff* issus du standard IEEE802.11 . Dans le cadre d'un régime saturé de transmissions, l'étude explicite la probabilité de collision, le taux de tentative de transmission et le débit. Ce travail a été par la suite élargi au travers de (Ramaiyan et al., 2008). Ce dernier article est une extension de l'analyse du point fixe de la référence précédente. Ici, l'auteur admet, et propose différents schémas de différenciation de service au travers des paramètres de *backoff* utilisés par chaque mobile. L'auteur prouve alors l'existence de points fixes stables et multiples. Il développe alors une analyse des performances générales sur le IEEE802.11. Afin d'établir une première approche théorique des performances sur le standard IEEE802.16e, nous remarquons aussi la référence (Wangt et al., 2005). Ce travail constitue un des premiers éléments d'étude des performances propres à la version *e* du standard IEEE802.16 dans un mode de fonctionnement à division de temps (TDD). L'auteur compare ces performances avec celles atteintes par les autres technologies prédominantes sur les réseaux urbains (MAN) : 3GPP, UMTS et HSDPA. Bien que ce travail ne propose pas un modèle de performance théorique, il exprime des résultats de simulation attestant d'un gain d'efficacité spectrale allant de 40 à 50 %. Cette étude est complétée par (Seo et al., 2004) portant sur l'analyse des performances du protocole d'accès aléatoire dans un environnement OFDMA-CDMA, utilisant des intervalles de contention pour l'engagement des connexions. L'étude se base sur la critique du délai moyen.

Cet espace d'éléments théoriques nous amène à considérer les mécanismes véritablement spécifiques au standard IEEE802.16, et particulièrement à son procédé d'établissement de connexions. Ce mécanisme constitue un des éléments primordiaux des performances générales d'un tel système de communication. Dans ce domaine, nous trouvons premièrement (Lee et Morikawa, 2006). Ce travail traite spécifiquement du processus d'établissement de connexion (*ranging process*) dans le IEEE802.16e. L'auteur s'intéresse à la faculté de la station de base à détecter, identifier et séparer les codes utilisés simultanément sur un intervalle de contention. L'auteur identifie les principaux facteurs influençant cette faculté de détection. En conclusion de cette étude, l'auteur propose une amélioration de l'algorithme de détection de requête prenant en compte l'ensemble des résultats obtenus. Partant des constats de cette étude, notre recherche bibliographique s'étoffe aux travers de plusieurs travaux qui analysent à la fois ce mécanisme de connexion, et étudie l'influence des variations de ses composantes. Ainsi, (Doha et al., 2006) fournit un ensemble d'éléments de conclusion majeurs. Premièrement, l'analyse présente l'impact de la taille de l'intervalle de contention sur le délai d'accès des appels aux ressources demandées. Deuxièmement, l'auteur développe un modèle de performance visant à définir l'impact de ce délai sur le délai total des transmissions. Enfin, l'étude définit les moyens d'optimisation du délai et débit possibles en adaptant la taille de l'intervalle de contention (*ranging subchannel*) par rapport aux arrivées de trafics. Par ailleurs, (Won et al., 2003) aborde la répartition des codes CDMA entre les familles des requêtes sur intervalle de contention. L'auteur définit et analyse un modèle de performance, afin de contrôler dynamiquement la taille de chaque famille de code (voir section 1.2.2). Ce travail vise à améliorer l'efficacité des accès à compétition. Enfin, (You et al., 2005) étudie la capacité d'accueil d'un intervalle de contention, en prenant en considération les interférences induites par les accès multiples des autres utilisateurs. Se basant sur une unique cellule IEEE802.16d, il caractérise la probabilité d'erreur d'une requête de ressource en fonction du nombre d'arrivées. De plus, il identifie un nombre d'utilisateurs limite caractérisant une probabilité d'erreur maximale acceptable.

A la suite de ces travaux, quelques approches nouvelles apparaissent telles que (Yan et Kuo, 2006), qui développe un modèle intercouche adaptant la taille de l'intervalle de contention au nombre d'utilisateurs, ainsi qu'au délai et débit demandés par les classes. Ainsi que (Cicconetti et al., 2007) qui propose un premier bilan de performance du standard IEEE802.16-OFDMA en mettant cette fois-ci en évidence l'impact de la durée des trames MAC sur le débit des transmissions et le délai des connexions. L'étude témoigne alors que ce paramètre avantage l'une des métriques autant qu'il pénalise l'autre. Aussi, en permettant la fluctuation de la durée de trame MAC, le standard permet de donner différentes orientations d'exploitation de la technologie. Par ailleurs, elle quantifie l'impact du trafic de signalisation (*overhead* PHY et MAC) induit par un grand nombre d'utilisateurs. Ces considérations aboutissent à un autre élément de conclusion intéressant : le délai d'établissement d'une connexion est un facteur primordial du délai global subi par les classes de trafic temps réel (UGS et rtPS).

Nous abordons maintenant une dernière catégorie de travaux visant à caractériser les performances globales des systèmes architecturés en cellules. Premièrement, nous y spécifions les travaux (Tarhini et Chahed, 2006) et (Tarhini et Chahed, 2007b). (Tarhini et Chahed, 2006) représente une première approche de modèle de performance MAC pour le standard. L'auteur réalise un modèle de performance des communications sur une seule cellule IEEE802.16e. L'étude se base sur un modèle continu, sans mobilité ni sectorisation de la cellule ainsi que sur un algorithme de contrôle d'admission minimaliste. Parallèlement, (Tarhini et Chahed, 2007b) présente une analyse de la capacité d'un système IEEE802.16 exploitant une modulation adaptative (AMC). Le contrôle d'admission du système considéré se base sur une réservation prioritaire des ressources pour les trafics temps réel (UGS et rtPS), et sur le partage des ressources restantes pour les autres types de trafic (nrtPS et BE).

Fort de ces éléments initiaux de recherche, nous identifions deux nouveaux travaux. Le premier, (Liu et al., 2005), constitue une étude ingénieuse qui caractérise les services des paquets de donnée en fonction de la modulation adaptative utilisée (AMC). Le modèle définit et prouve que l'état du système se caractérise par une chaîne de Markov à états finis (FSMC). Un état de cette chaîne se définit par la longueur de file d'attente et l'état du serveur. Avant de conclure, l'auteur y décrit un mécanisme inter-couche visant à optimiser l'ensemble des métriques de performance. Le second, (Elayoubi et al., 2007), correspond à un travail relatif au WCDMA, une

Chapitre 1. Introduction

technique très proche de celle utilisée dans le IEEE802.16e. En particulier, cette étude établit un modèle de performance et de contrôle d'admission incluant la mobilité, ainsi qu'une division de la cellule de communication en différents secteurs concentriques. Parmi les éléments clés de cette étude, nous identifierons en particulier son mécanisme de contrôle d'admission associant la différenciation des services ainsi que la prise en compte de l'efficacité de modulation de chaque secteur. Par ailleurs, ce travail exploite et valide une modélisation basée sur une approche Markovienne à temps discret (DTMC). Finalement, l'ensemble de ces éléments sont exploités et approfondis au travers de (Tarhini et Chahed, 2007a), dans lequel l'auteur étudie la capacité d'un lien descendant sur le IEEE802.16-OFDMA en présence de deux types de trafic : flux continus (*streaming*) et interactifs (élastique). L'auteur met en avant l'impact de la modulation et du codage adaptatifs, ainsi que les interférences inter-cellule. En conclusion, l'auteur identifie les gains de performance obtenus par l'utilisation d'un partitionnement des fréquences entre les cellules adjacentes entre elles. Et enfin, (Elayoubi et al., 2006) présente un modèle de charge des canaux de transmission du standard IEEE802.16. L'auteur se base sur un environnement multi-cellulaire avec réutilisation des fréquences. L'étude développe un modèle analytique complet aboutissant aux collisions et pertes de symboles OFDMA. Les modèles définissent le profil d'occupation des sous-porteuses en fonction du nombre d'utilisateurs en y appliquant une charge de trafic élastique et adaptative.

1.4.3 Algorithmes de CAC et architectures de QoS

Dans cette section de l'état de l'art, nous abordons les travaux relatifs à la gestion de la QoS sur le standard IEEE802.16. Dans ce domaine, la majorité des travaux s'articulent entre deux axes principaux de recherche : le premier définit des architectures de gestion de la qualité de service associées à un contrôle intelligent et adaptatif des admissions de connexion, ainsi que des alternatives de gestion intercouche ; le second se penche sur les techniques et méthodes de gestion des délais de communication, tout en mettant en évidence l'importance de ces délais vis à vis de la durée de vie et de l'interactivité caractérisant chaque type de trafic.

Parmi le premier axe de recherche cité, nous trouvons des contributions majeures au travers d'une grande variété d'articles. En premier lieu, une étude préliminaire (Settembre et al., 2006) propose et valide une stratégie d'ordonnancement. L'ordonnancement se fait en fonction des classes de service concernées : WRR pour le rtPS et nrtPS et RR pour le BE. L'auteur y présente les gains de performance sur couche MAC par l'utilisation de l'AMC. Dans cette optique, la référence (Delicado et al., 2006) propose l'organisation d'entités nouvelles de gestion d'approvisionnement en ressource. La contribution majeure de ce travail réside dans l'amélioration de la granularité des critères de Qualité de Service. Ainsi, le standard pourrait proposer un éventail plus fin de services et de Qualités de Service associées. Enfin, (Chen et al., 2005) définit un nouveau mécanisme de gestion des flux, en proposant une gestion dynamique des bandes pas-

1.4. Etudes antérieures

santes allouées aux communications de lien montant et descendant. Ce travail vise à améliorer l'efficacité et l'équité d'utilisation des ressources radio dans le cadre de flux montant et descendant inégaux et fluctuant. L'approche intercouche est quant à elle en partie explorée au travers de (Mai et al., 2007). Ce travail vient en complément de ceux développant des mécanismes de gestion de Qualité de Service sur couche MAC. L'auteur propose une architecture de gestion inter-couche liant la couche MAC et la couche réseau qui, elle, n'est pas définie par le standard.

Parmi les travaux traitant du contrôle d'admission, un premier algorithme est proposé dans (Wongthavarawat et Ganz, 2003). Il définit une architecture de Qualité de Service associant un planificateur et un algorithme de contrôle d'admission. De manière plus riche et subtile, l'étude (Wang et al., 2005) développe un algorithme de contrôle d'admission complet et dynamique, afin d'assurer la qualité de service de chaque classe de trafic du standard IEEE802.16e. L'algorithme réserve sur les ressources disponibles celles demandées par les trafics temps-réel. Ces derniers seront alors refusés si la capacité de la cellule est dépassée par la nouvelle demande de ressource. En parallèle, les autres types de trafic partageront les ressources restantes. En outre, le principe d'allocation proposé ici introduit une évolution dynamique dite de dégradation de ressource. En effet, l'arrivée de nouveaux appels temps réels aboutira à la réduction progressive et adaptative des ressources restantes partagées entre les appels non temps réel. En outre, nous voyons au travers de (Benameur et al., 2001), une base théorique menant à un partage efficace et équitable des ressources radio disponibles. En effet, ce travail constitue la base des algorithmes évolués de contrôle d'admission. Il propose une gestion indépendante des trafics temps réel et non temps réel. Les premiers reçoivent en priorité les ressources demandées, les autres se partagent équitablement la bande passante laissée libre. Par contre, aucun des deux trafics n'obtiendra une nouvelle connexion si les trafics non temps réel ne disposent plus d'un minimum de bande passante. Ce principe vise à empêcher la famine de ressource pour les trafics non temps réel. Dans une toute autre approche, nous présentons la référence (Ball et al., 2005). Ce travail propose un ordonnancement innovant de l'allocation de ressource entre les trafics. Le principe de TRS (ordonnancement par omission temporisée) attribut les ressources en fonction de l'efficacité de modulation de chaque utilisateur. Ce travail a la particularité de prendre en compte l'efficacité spectrale des utilisateurs vis à vis des ressources radio qui leur sont allouées.

Concernant le second axe de recherche, nous identifions en particulier les travaux suivants : une première étude, (Sayenko et al., 2006) propose un ordonnancement des sous-porteuses allouées aux transmissions sur lien montant (UL burst), afin d'affiner le respect de la Qualité de Service de ces transmissions. L'auteur propose des mécanismes simples d'attribution d'espace de transmission pour lesquels le positionnement et la répartition sur la trame MAC répondent aux impératifs de Qualité de Service de chaque classe de trafic. Par la suite, nous mettons en avant les études (Niyato et Hossain, 2006) et (Chandra et Sahoo, 2007). Premièrement, (Niyato et Hossain, 2006) est un des rares travaux associant aux délais de communication ceux issus des couches supérieures, non définies par le standard. L'auteur traite la stabilité des files d'attente de chaque trafic afin de maintenir une qualité de service de bout en bout de la communication. L'auteur développe un principe d'allocation de bande passante sur le lien montant, en prenant en compte la taille de la file d'attente des services rtPS, nrtPS et BE. Deuxièmement, (Chandra et Sahoo, 2007) présente un algorithme de contrôle d'admission ayant la particularité de prendre en compte le délai limite de validité d'une connexion. Ce travail répond en fait à d'autres études montrant l'importance des délais de connexion dans le délai global de la transmission.

1.4.4 Coordination et coopération multi-technologie

Les articles présentés dans ce paragraphe témoignent du potentiel du standard IEEE802.16 quant à la coopération ou à la coexistence de cette technologie avec les autres déjà en cours d'exploitation.

Premièrement, (Berlemann et al., 2006) aborde les possibilités d'interconnexion entre les systèmes basés sur le standard IEEE802.11 et ceux basés sur le IEEE802.16. Cette étude trouve sa motivation dans le fait que ces deux standards sont amenés à fonctionner sur des gammes de fréquences très proches et en certains points confondues. Aussi, l'auteur propose des éléments de solution évitant une double occupation spectrale simultanée. Deuxièmement, (Sartori et al., 2007) est un travail visant à développer un modèle analytique de coopération entre le HSDPA et le IEEE802.16. Le but principal est de maximiser le débit global des communications. Ce travail met en avant les gains de performance obtenus par l'intégration des mécanismes de handover vertical dans ces deux technologies, tout en considérant la deuxième méthode comme la plus aisée à mettre en place en des temps extrêmement courts.

1.5 Motivations de la thèse

Fort des analyses contextuelles de cet état de l'art, nous percevons l'importance et la portée applicative du standard IEEE802.16. Le WiMAX profite de nombreux atouts de performance qui lui sont propres, ainsi que d'une faculté exceptionnelle à connecter entre eux des réseaux de plus faible zone de couverture (HSDPA, Wi-Fi,...). D'un point de vue technologique, il apparaît que la maîtrise de tels systèmes constituera à l'avenir un élément déterminant de la maîtrise d'une nation à concevoir, exploiter et sécuriser des systèmes de communication de type IEEE802.16. De plus, les perspectives et projections économiques justifient un grand intérêt de la part de tout opérateur civil ou militaire. Ce dernier fait a d'ailleurs était récemment mis en avant avec la concurrence féroce que ce sont livrés les principaux opérateurs mobiles et ADSL français (Free, Neuf, Alice, Orange, ...). En effet, ces derniers ont été amenés à enchérir pour l'achat des

1.5. Motivations de la thèse

licences d'utilisation des fréquences du WiMAX en France. Enfin, la dernière partie de cet état de l'art montre les capacités du standard à s'intégrer parfaitement dans un environnement de transmission hertzienne déjà encombré. Ce dernier point témoigne non seulement de la faculté du standard à s'intégrer dans les différents schémas de communication actuelles, mais aussi de la faisabilité d'un déploiement rapide et efficace sur de large zone de couverture.

L'existant littéraire portant sur les modèles d'évaluation de performance du standard IEEE-802.16 témoigne d'un potentiel prometteur dès les premières versions du standard. Néanmoins, il met en valeur un des premiers éléments qui ont motivé ce travail de thèse, nous identifions en particulier le manque de généralité dans les modèles théoriques dressés. Cette observation s'appuie sur le fait que le standard IEEE802.16 se base sur un vaste ensemble d'algorithmes, de mécanismes et surtout de paramètres de configuration. En outre, le standard définit pour chacun de ces paramètres une valeur prise par défaut ainsi qu'une plage de valeurs possibles. Dès lors, il nous semble primordial que les études portant sur ce standard exploite cette capacité de configuration multiple. Par ailleurs, dès lors qu'un paramètre est possible, il en résulte un besoin explicite d'évaluer ou du moins d'apprécier l'impact final des politiques de choix sur ce paramètre. A cela se rajoute l'ambition de définir des politiques nouvelles aboutissant à une amélioration générale des performances du système de communication. En l'occurrence, les études actuelles montrent que les gains de performance les plus forts sont obtenus au travers de la maîtrise des mécanismes de couche MAC, et tout spécifiquement de ceux inhérents à l'engagement et l'établissement des connexions. Nos motivations dans ce champs de recherche sont donc multiples. Premièrement, il est nécessaire de mettre en place un modèle général des mécanismes de couche MAC en y proposant par ailleurs des mécanismes innovant de différenciation de service. Ce modèle doit se caractériser par une approche la plus générale possible, où tous les éléments contribuant à l'engagement des connexions doivent être représentés. Par ailleurs, au vu des conclusions d'étude décrites dans ce domaine, il apparaît maintenant clairement que les délais d'établissement de connexion constituent le principal frein à l'évolution des performances de ce standard. Aussi, notre second objectif se basera sur l'étude plus approfondie des mécanismes d'envoi et d'acceptation des requêtes de transmission. En y dégageant l'influence propre à chacun des paramètres de ces mécanismes, nous visons à minimiser leurs impacts sur le délai d'établissement de connexion. Cette approche doit aboutir à des analyses de comportement liées à l'évolution de ce délai ainsi qu'à des préconisations en fonction des ambitions possibles quant à l'exploitation des systèmes IEEE802.16e.

Les études propres à la gestion de la QoS et à l'élaboration d'algorithmes performants de contrôle d'admission témoignent du fort engouement et potentiel d'amélioration des performances par ce biais. Ces études abordent des implémentations de processus spécifiques sur couche MAC, réseau et inter-couche, même si cette dernière n'est pas formalisée dans le standard IEEE802.16. Or, elles montrent toutes qu'une architecture de gestion de la Qualité de Service sur couche MAC permet d'aboutir à des gains significatifs de performance. En outre, cer-

Chapitre 1. Introduction

tains travaux témoignent que le nombre et le type de classes de trafic dans le standard peut augmenter, tel que l'atteste la classe ertPS récemment intégrée au standard (voir le paragraphe 1.3.5). Il est donc nécessaire de fournir des outils de gestion de la Qualité de Service. Cette étude vient en complément de celle explorées précédemment, portant sur les performances propres aux utilisateurs. Par ailleurs, ces travaux confirment l'importance des délais d'établissement de connexion vis à vis des délais globaux des communications. Mais il mettent particulièrement l'accent sur le besoin d'une gestion de l'efficacité spectrale des transmissions, notamment par la prise en compte de la capacité d'adaptation de la modulation (AMC). C'est notamment dans ce but premier que s'articule cette thèse : viser une réduction optimale du délai de connexion pour les trafics qui y sont sensibles, tout en leur assurant une allocation de ressource optimale.

Un autre point de motivation, vient de l'observation qu'une grande partie des travaux développent des études parallèles entre elles : certaines traitent un même sujet suivant des bases théoriques différentes, d'autres proposent continuellement de nouvelles approches sans intégrer ce qui constituaient les contributions des propositions antérieures. Nous désirons donc partir des contributions qui nous semblent les plus fortes en apportant un ensemble d'éléments nouveaux et complémentaires. Notre approche est toujours portée par le souci de généralisation et de fidélité au spécificités du standard IEEE802.16. Suivant cette approche, nous remarquons que les études portant sur le contrôle d'admission visent à établir un algorithme optimal assurant à la fois de nombreux objectifs : respecter la Qualité de Service des flux de données, faciliter l'accès aux ressources pour les connexions entrantes, assurer une équité entre les trafics de même type et optimiser l'efficacité d'exploitation des ressources radio. A cela se rajoute dans un dernier temps la capacité d'un système IEEE802.16 à conserver les appels en cours en cas de mobilité intense. Ces différents objectifs définissent la ligne directrice de cette étude, où partant de ces contributions existantes, nous désirons fournir un algorithme complet, efficace et aussi simple que possible.

Enfin, un dernier élément motive l'engagement d'études sur le WiMAX. La WiMAX n'est pas encore déployé à grande échelle. D'ailleurs, la conception et la fabrication des équipements qui s'y rattache viennent tout juste de s'engager. Aussi, les travaux de recherches menés en amont ont toutes les chances d'avoir un impact réel sur le devenir de cette technologie. De part notre démarche de recherche nous avons espoir de pouvoir influencer la politique d'intégration du standard sur les équipements à venir.

Première partie

Évaluation des performances utilisateurs sur couche MAC

Chapitre 2

Performances sur couche MAC des utilisateurs IEEE802.16e

Contents

2.1	**Formulation du problème**	**42**
	2.1.1 Objectifs	42
	2.1.2 Hypothèses	42
	2.1.3 Environnement	43
2.2	**Modèle**	**43**
	2.2.1 Analyse par Point Fixe	43
	2.2.2 Performances	46
2.3	**Analyses numériques**	**48**
	2.3.1 Validation du modèle	49
	2.3.2 Impact des paramètres de communication	51
	2.3.3 Influence du nombre de codes	53
	2.3.4 Evolution du délai de réponse	55
	2.3.5 Analyse globale	57
2.4	**Contributions et perspectives**	**58**

2.1 Formulation du problème

2.1.1 Objectifs

Ce chapitre vise à établir les performances sur couche MAC atteintes par les utilisateurs du standard IEEE802.16e. Cet objectif principal implique un certain nombre d'objectifs secondaires tels que de répondre au besoin de définir un modèle analytique général. Par ailleurs, ce chapitre tente d'expliciter l'influence de chacun des paramètres de communication sur couche MAC vis à vis des performances et temps d'établissement de connexion des utilisateurs IEEE802.16e. Enfin, fort de ce nouvel outil d'analyse, le dernier enjeu sera d'apporter une critique pertinente quant au choix des valeurs préconisées et utilisées par défaut par le standard.

2.1.2 Hypothèses

Afin d'établir un modèle de performances aussi général que possible, nous utilisons un cadre hypothétique minimal. Aussi, nous nous baserons sur un faible nombre d'hypothèses de base. Premièrement, le trafic des utilisateurs est saturé. Cette hypothèse indique que chaque utilisateur de la cellule IEEE802.16e dispose constamment d'une information à transmettre. De ce fait, il n'y a aucun temps d'inactivité, ou de veille, entre la fin d'une transmission de données et le besoin d'engager une nouvelle connexion en vue d'un autre transfert. Cette hypothèse est souvent considérée comme une des hypothèses les plus fortes communément prise dans les travaux d'évaluation de performances. Néanmoins, cette hypothèse relève ici d'une importance moindre. En effet, le standard IEEE802.16 se base sur des communications orientées connexion. Aussi, seul l'intensité des connexions entrantes dans le système doivent être pris en considérations.

Deuxièmement, la section 1.3.4 précise qu'après l'envoi d'une requête de ressource, les utilisateurs engagent un compte à rebours nommé T_3. Ce *timer* T_3 force les utilisateurs demandeurs de ressources à laisser le temps à la station de base de formaliser et de transmettre sa réponse. En temps normal, la transmission des données s'effectue dès réception de la réponse. Néanmoins, pour les besoins de l'étude, nous supposerons que quels que soient les délais de réception des réponses de la station de base, les transmissions de données en résultant ne s'engagent qu'après expiration du décompte du *timer* T_3. Cette hypothèse s'explique en considérant deux de nos objectifs. Premièrement, nous voulons définir un modèle aussi général que possible, mais en gardant une certaine maîtrise de sa complexité calculatoire. Considérez le paramètre t_r comme fixe, et non comme une variable aléatoire, répond donc à cet objectif. Deuxièmement, notre étude vise principalement à évaluer les possibilités de réduction du délai de connexion. Fixer t_r à sa valeur maximales nous assure de prendre en compte les délais maximum de connexion.

2.1.3 Environnement

Nous considérons une cellule IEEE802.16e où sont réunis un nombre fini d'utilisateur. Ces utilisateurs suivent un régime saturé. De ce fait, ils désirent continuellement engager de nouveaux appels. Aussi, chaque utilisateur engagera une nouvelle connexion du moment que sa demande précédente a été conclue.

Pour formaliser sa demande, un mobile choisit un code de modulation. Ces codes sont issus de ceux attribués au requête de bande passante (*Bandwidth Ranging Request*.). Après envoi de la requête, le mobile laisse à la station de base le temps de recevoir et traiter sa demande. Pour cela, le mobile attend l'écoulement d'un certain nombre de trames MAC. Ce procédé d'attente correspond au *timer* T_3 décrit précédemment. En cas d'absence de réponse à expiration du *timer* T_3, le mobile engage un processus de *backoff* caractérisé par une taille minimal de fenêtre, un multiplicateur en cas d'échecs succéssifs et un nombre maximum de retransmissions autorisé. Par contre, comme indiqué dans les hypothèses ci-dessus, si une réponse est disponible, la transmission de données se fera à partir de l'expiration de ce *timer* T_3. Enfin nous identifions des temps (ou *slots*) systèmes. Un temps système correspond à la durée d'une trame MAC IEEE802.16e.

2.2 Modèle

2.2.1 Analyse par Point Fixe

Principe

Notre approche théorique se base sur une analyse par Point Fixe (Kumar et al., 2006). Elle caractérise le comportement statistiques du processus de *backoff* engagé par les utilisateurs. De ces seules statistiques, l'analyse par point fixe permet d'extraire les performances globales d'accès au canal (taux de tentative, probabilité de collision, ...). Toutefois, cette analyse fut initialement développée pour le standard IEEE802.11. Aussi, nous en avons développé une nouvelle approche dont l'originalité réside dans sa parfaite adaptation au standard IEEE802.16e. L'analyse requièrt que les temps d'attentes qui y sont étudiés et ceux de transmission de données soient indépendants. Ceci est vrai dans le cas du IEEE802.11, puisque durant les transmissions de données, tous les processus de *backoff* des utilisateurs en compétition sont gelés durant tout le temps de la transmission. Dans le cas du standard IEEE802.16, ce pré-requis reste vrai mais pour d'autres raisons. En effet, deux faits combinés entraînent que les processus de *backoff* etudiés soient indépendants des transmissions de données : le processus de *backoff* s'engage sur les demandes de bande passante or, celles-ci sont émises sur un canal de transmissions qui leur est propre : le *Bandwidth Request Ranging Interval*, appartenant à l'espace de temps *Ranging Subchannel* de la figure 1.2. De plus, le fait que le standard se base sur des communications orientées connexions implique que, pour un même utilisateur, le système admettra plusieurs connexions en parallèle. Une transmission de données est donc indépendante de toute autre transmission ou nouvel engagement de connexion. Ainsi, un mobile pourra engager un nouveau processus de *backoff* dès lors que sa précédente demande de connexion est terminée (qu'elle ait été satisfaite ou pas). Fort de ces spécificités propres au standard IEEE802.16e, il nous est possible d'en développer une nouvelle analyse par point fixe tout à fait adaptée au cadre de l'étude désirée.

Déroulement

La figure 2.1 décrit l'évolution du processus de *backoff* d'un mobile. Ce chronogramme a été épuré des temps de transmissions en vertu des caractéristiques énoncées précédemment. Ainsi, nous pouvons simplifier la représentation des temps de *backoff* par la concaténation des différentes fenêtres issues des transmissions et retransmissions d'un mobile. La figure montre l'état du processus de *backoff* pour trois transmissions de données. Notons que les événements d'envoi de requête sont représentés par des points. L'attente induite par les fenêtres de *backoff* ne s'engage qu'une fois le temps t_r écoulé. Les événements représentés sur cette figure sont les suivants. La première demande réussit après deux tentatives, la seconde aboutit malgré deux collisions et la troisième n'aboutit qu'après trois collisions et une quatrième tentative réussit. Remarquons que la connaissance d'un échec ou l'engagement d'un envoi de données ne commencent qu'après expiration du temps t_r, tel que défini dans nos hypothèses de départ (voir section 2.1.2).

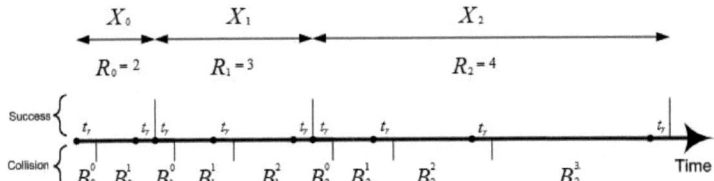

FIGURE 2.1 – *Chronogramme du processus de* backoff *dans le IEEE802.16e*

Soit X_j, la variable aléatoire du temps total requis pour transmettre la demande de ressource relative au paquet j. R_j désigne le nombre de tentatives nécessaires à la transmission des requêtes de ressources pour le paquet j. B_j^i correspond quant à lui au temps d'attente aléatoire-

2.2. Modèle

ment choisi parmi la fenêtre de *backoff* pour le paquet j et la retransmission i, enfin b_i représente le temps moyen de B_j^i pour tout paquet j. Ce temps d'attente aléatoire se caractérise entre autres par une durée minimum : CW_{min}, un nombre maximal de retransmission k, et un multiplicateur p. En conséquence des définitions de variables ci-dessus, le temps total nécessaire à l'engagement d'un transfert de données est dicté par la relation suivante :

$$X_j = R_j.t_r + \sum_{i=0}^{R_j} B_j^i \qquad (2.1)$$

Soit γ la probabilité de collision ressentie par un mobile, et k le nombre maximum de retransmissions autorisées. Nous pouvons maintenant définir β comme le taux moyen de tentative par temps du système. Notons ici qu'à partir du moment où les paramètres de *backoff* sont les mêmes pour toutes les stations de la cellule, leur comportement est globalement identique, et de ce fait, la collision ainsi que le taux de tentative expérimentés par chacun sont aussi les mêmes. En fait cet élément se base implicitement sur l'approximation de découplage faites initialement par Bianchi (Bianchi, 2000). Cette hypothèse définit que toute tentative d'accès au canal est soumise à la même probabilité de collision quelque soient l'émetteur et l'état de son processus de *backoff*. De plus, elle décrit les opportunités de transmission (ou *slot*) comme indépendantes les unes des autres. De même, les station émettrice agissent aussi de manière indépendante. Il faut d'ailleurs noter que cette approximation est de plus en plus juste pour un nombre d'utilisateurs croissant. Or une cellule IEEE802.16e a justement pour but de servir un grand nombre d'utilisateur. Maintenant, pour les besoins du modèle, nous identifions quelques égalités triviales :

$$E\left(\sum_{i=0}^{R_j} B_j^i\right) = b_0 + \gamma b_1 + \cdots + \gamma^k b_k \qquad (2.2)$$

$$E(X) = E(R).t_r + E\left(\sum_{i=0}^{R_j} B_j^i\right) \qquad (2.3)$$

$$E(R) = 1 + \gamma + \cdots + \gamma^k \qquad (2.4)$$

$$\beta = \frac{E(R)}{E(X)} \qquad (2.5)$$

$$= \frac{E(R)}{E(R).t_r + E\left(\sum_{i=0}^{R_j} B_j^i\right)} \qquad (2.6)$$

$$= \frac{1}{t_r + \frac{E(\sum_{i=0}^{R_j} B_j^i)}{E(R)}} \qquad (2.7)$$

$$= \frac{1}{t_r + \frac{b_0 + \gamma b_1 + \gamma^2 b_2 + \cdots + \gamma^k b_k}{1 + \gamma + \gamma^2 + \cdots + \gamma^k}} \qquad (2.8)$$

Notons que b_m, le temps moyen de *backoff* pour m retransmissions, est défini par :

$$b_m = \frac{p^m CW_{min} - 1}{2} \quad \text{et} \quad b_0 = 0 \tag{2.9}$$

Comme énoncé précédemment, tous les mobiles d'une cellule ressentent la même probabilité de collision et donc le même taux de tentative. Nous supposerons alors que le nombre de tentatives effectuées par les autres mobiles est distribué suivant une loi binomiale avec pour paramètres β, $n-1$ et N. En fait, la probabilité de collision, P_{coll}, pour un mobile tentant une demande de ressource est donnée par la relation suivante :

$$P_{coll}(\beta) = 1 - \Gamma(\beta) \tag{2.10}$$

où $\Gamma(\beta)$ représente la probabilité qu'aucun des i autres mobiles effectuant une tentative en même temps n'utilise le même code de modulation utilisé par le mobile. Cette dernière probabilité nous est donnée par la relation suivante :

$$\Gamma(\beta) = \sum_{i=0}^{n-1} \binom{n-1}{i} \beta^i (1-\beta)^{n-i-1} (1 - \frac{1}{N})^i \tag{2.11}$$

Partant de ce constat mathématique, l'état d'équilibre du système est caractérisé par la solution de l'équation du point fixe suivante :

$$\gamma = P_{coll}(\beta) \tag{2.12}$$

Préalablement à la suite de cette étude, nous établissons que l'existence et l'unicité du point fixe peut être aisément obtenues à partir des travaux de (Kumar et al., 2006)

2.2.2 Performances

Le modèle mathématique étant maintenant défini, nous pouvons y introduire les relations de performances telles que le nombre moyen des arrivées d'appel par temps système, ainsi que la distribution du nombre des requêtes en attente au niveau de la station de base. A chaque temps système, les demandes de ressources arrivant au niveau de la station de base sont mises en file d'attente. Nous supposerons ici que la file d'attente se compose d'un tampon infini. Soit H, la variable aléatoire du nombre de services effectués par la station de base durant une trame MAC.

Dès lors, nous déterminons le nombre de requêtes arrivant par trame MAC. En effet, le nombre cumulé des requêtes émises durant l'espace de contention du lien montant aboutit à un certain nombre de requêtes entrant dans la file d'attente de la station de base. Rappelons qu'une demande de ressource aboutit à la station de base uniquement si cette requête n'est pas entrée en conflit avec une autre requête modulée par le même code choisi parmi N. Soit

$P(Z_t = j)$ la probabilité que la station de base reçoive j demandes de ressources sur les N codes orthogonaux, durant le temps t; $j \in \{0, 1, \cdots, N\}$. $P(X_t = i)$ représente la probabilité que i mobiles engagent une demande de ressources sur le même espace de contention t. Ces deux probabilités sont définies par les relations suivantes :

$$P(X_t = i) = \binom{n}{i} \beta^i (1-\beta)^{n-i} \qquad (2.13)$$

$$P(Z_t = j) = \sum_{i=j}^{n} P(Z_t = j | X_t = i) P(X_t = i) \qquad (2.14)$$

La probabilité conditionnelle $P(Z_t = j | X_t = i, N)$ peut être calculée via l'expression récursive suivante :

$$P(Z_t = j | X_t = i, N) = \sum_{k=0, k \neq 1}^{i} \binom{i}{k} (1 - \frac{1}{N})^{i-k} (\frac{1}{N})^k P(Z_t = j | X_t = i - k, N - 1)$$
$$+ \binom{i}{1} (1 - \frac{1}{N})^{i-1} \frac{1}{N} P(Z_t = j - 1 | X_t = i - 1, N - 1) \qquad (2.15)$$

La condition initiale pour $P(Z_t = j | X_t = i, N)$ étant donnée par :

$$P(Z_t = j | X_t = i, 0) = \begin{cases} 1 & \text{si } j = 0 \\ 0 & \text{autrement} \end{cases} \qquad (2.16)$$

Par conséquent, le nombre moyen d'arrivées par espace de contention est donné par :

$$\lambda = \sum_{k=1}^{N} k P(Z = k) \qquad (2.17)$$

En l'occurrence, la stabilité du système est garantie dès lors que le nombre moyen des arrivées d'appel est inférieur au nombre moyen des services effectués durant un même intervalle de temps. Aussi, la condition de stabilité est la suivante :

$$\lambda < \mu \qquad (2.18)$$

Maintenant, nous désignons par M_t l'état de la chaîne à temps discret de Markov au temps t, et par Q_{ij} la probabilité de transitions entre un état $M_t = i$ et $M_{t+1} = j$. Ces probabilité sont déterminées par les relations suivantes :

$$Q_{ij} = \begin{cases} P(Z = j) & \text{si } i = 0 \\ P(H \geq i) P(Z = j) + \sum_{k=0}^{i-1} P(H = k) P(Z = j - i + k) & \text{sinon} \end{cases} \qquad (2.19)$$

L'ensemble des probabilités de transition compose la matrice de transition d'état du système de la manière suivante :

$$Q = \begin{pmatrix} Q_{00} & Q_{01} & \ldots \\ Q_{10} & Q_{11} & \ldots \\ \ldots & \ldots & \ldots \end{pmatrix} \qquad (2.20)$$

Enfin, soit π la distribution stationnaire. Du moment que le système est ergodique, le système suivant d'équations linéaires caractérise la solution unique de distribution stationnaire du système :

$$\begin{cases} \pi = \pi Q \\ \sum_{n=0}^{\infty} \pi(n) = 1. \end{cases} \qquad (2.21)$$

Le nombre moyen de requêtes dans le tampon de la station de base est défini par $S(\gamma)$ suivant :

$$S(\gamma) = \sum_{k=0}^{\infty} k\pi(k) \qquad (2.22)$$

Par la formule de Little (Gelenbe et Pujolle, 1987), le temps moyen de séjour d'une requête dans la file d'attente est donné par le rapport entre le nombre moyen de requêtes $S(\gamma)$ et le taux d'arrivée μ. Néanmoins, dans le standard IEEE802.16e, le délai est rallongé d'un temps système, car les requêtes sont considérées comme intégrant le système qu'à partir de la trame MAC suivant celle ayant servie à l'envoi de la requête. Ainsi, le temps moyen de traitement d'une requête, une fois émise, est donné par la relation suivante :

$$D(\gamma) = 1 + \frac{S(\gamma)}{\mu} \qquad (2.23)$$

2.3 Analyses numériques

Cette section présente plusieurs résultats de simulations obtenus à partir de plusieurs simulateurs. Le premier correspond au simulateur numérique à temps discret nommé *Matlab*. Le deuxième correspond à un programme écrit en C. Ce simulateur émule le comportement à temps discret de nombreux utilisateurs en compétition sur le slot de contention. Ainsi nous avons reproduit le comportement dynamique du système. De celà nous en extrayons les performances propres du système. En outre, le simulateur comportemental exploite les hypothèses définies dans le paragraphe 2.1.2, exceptée celle de l'approximation de Bianchi. En ce qui concerne la résolution du système d'équation décrit dans la relation (2.21), les outils logiciels ne nous permettent pas de pouvoir considérer une taille de file d'attente allant jusqu'à l'infini. Aussi, nos calculs utilisent une taille maximale de file correspondant à 500000 requêtes d'appel en attente.

2.3. Analyses numériques

Nous présentons alors différentes comparaisons entre des résultats issus du modèle théorique et d'autres obtenus par simulation comportementale. Ces comparaisons nous permettent de valider l'ensemble de nos résultats analytiques.

En se basant sur les recommandations du standard IEEE802.16e, nous avons utilisé pour ces simulations, les grandeurs désignées par défaut par le standard. Néanmoins, nous avons choisi de réduire de manière drastique la valeur initiale du compte à rebours T_3. En effet, prenons tout d'abord en considération que la durée moyenne d'une trame MAC est de 1ms et que le *timer* T_3 est initialement défini à 50ms. Ensuite, notons que la durée de la trame MAC peut varier entre 0,5ms et 2ms. Ainsi, le *timer* T_3 peut introduire une attente allant jusqu'à cent trames MAC. Aussi, nous choisissons de donner au *timer* T_3 la valeur maximale $t_r = 10$. Ce choix vise à augmenter l'agressivité des stations appelantes. Ainsi, nous pourrons définir le comportement du système dans lequel les connexions engagées ont une plus grande exigence de réactivité. Ce choix trouvera d'ailleurs sa pleine justification avec l'analyse du délai. Par ailleurs, nous aimerions traiter ici le nombre de codes assignés aux demandes de ressources. Le standard définit un large spectre de 256 codes orthogonaux. Ces codes sont divisés en quatre familles telles que décrites dans le chapitre précédent 1.2.2. Pour les besoins de l'étude, nous devons émuler un système à lourde charge en réduisant le nombre de codes disponibles. Néanmoins, le système peut gérer efficacement un grand nombre de mobiles à partir de 32 codes disponibles pour la famille des demandes de ressources.

Dans ce chapitre, nous comparons les résultats analytiques obtenus pour le taux de tentative et la probabilité de collision expérimentés par les mobiles de la cellule IEEE802.16e. Nous traitons ici le taux de tentatives des mobiles afin de mettre en avant de quelle manière les paramètres de communications, et en particulier k, t_r et N, affectent ce taux. Par ailleurs, l'analyse du point fixe nous permet d'approfondir nos critiques des préconisations de l'IEEE. Grâce aux figures suivantes, nous pouvons aussi apprécier comment ces paramètres influent sur la probabilité de collision.

2.3.1 Validation du modèle

Les figures 2.2 et 2.3 expriment la comparaison entre les résultats obtenus via le modèle analytique et ceux issus des simulations du standard. La comparaison des résultats montrent une forte corrélation à la fois pour le taux de tentatives et la probabilité de collision. Ces résultats nous permettent de clairement valider le modèle analytique de point fixe au travers des comportements et des valeurs qui sont similaires.

Nous faisons d'ailleurs remarquer que de légers écarts de valeurs sont observables sur les figures de validation. Ces écarts peuvent être la conséquence de l'approximation de Bianchi (Bianchi, 2000) faites dans le modèle théorique et non dans le simulateur comportemental.

Chapitre 2. Performances sur couche MAC des utilisateurs IEEE802.16e

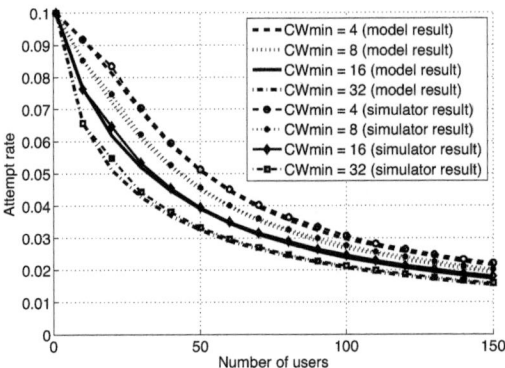

FIGURE 2.2 – *Représentation de β vs. n : Taux de tentative en fonction du nombre d'utilisateurs n, pour différentes fenêtres initiales de* backoff CW_{min}. $k = 16$, $t_r = 10$, $N = 4$.

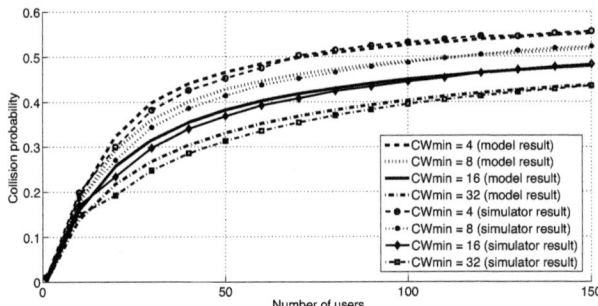

FIGURE 2.3 – *Représentation de P_{coll} vs. n : Probabilité de collision en fonction du nombre d'utilisateurs n, pour différentes fenêtres initiales de* backoff CW_{min}. $k = 16$, $t_r = 10$, $N = 4$.

D'ailleurs, la forte corrélation des résultats justifie l'intégration de cette hypothèse dans le modèle de performance développé ici.

2.3. Analyses numériques

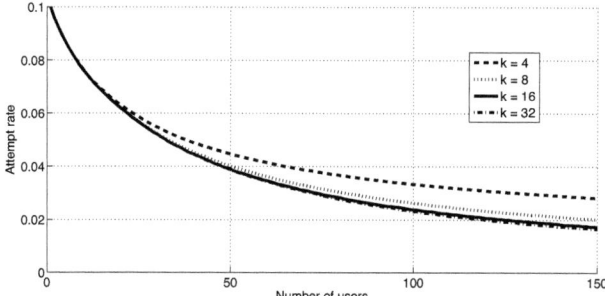

FIGURE 2.4 – *Représentation de β vs. n : Taux de tentative en fonction du nombre d'utilisateurs n, pour différentes limites de retransmissions k. $CW_{min} = 16$, $t_r = 10$, N=4*

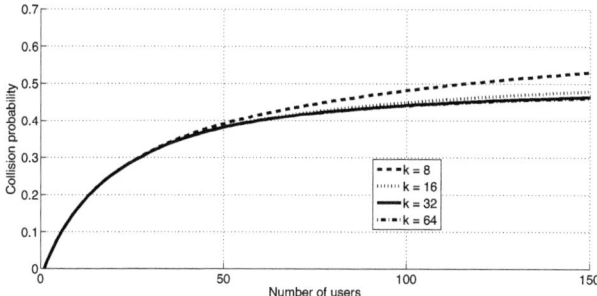

FIGURE 2.5 – *Représentation de P_{coll} vs. n : Probabilité de collision en fonction du nombre d'utilisateurs n, pour différentes limites de retransmissions k. $CW_{min} = 16$, $t_r = 10$, N=4*

2.3.2 Impact des paramètres de communication

Les figures 2.4 et 2.5 montrent respectivement le taux de tentative et la probabilité de collision atteints en fonction du nombre limite de retransmissions. Nous montrons que pour une limite de retransmissions supérieure à huit essais, le taux de tentative en est très faiblement affecté. Mais pour des valeurs inférieures ($k < 8$), ce taux augmente graduellement, ainsi que la probabilité de collision. Aussi, nous jugeons ici qu'une limite de retransmission supérieure à huit essais est inutile, mais que des valeurs inférieures aboutiraient à un trop grand nombre de collisions des requêtes en entrée de la station de base.

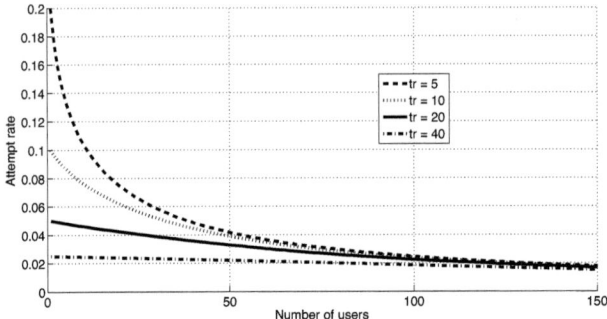

FIGURE 2.6 – *Représentation de β vs. n : Taux de tentative en fonction du nombre d'utilisateurs n, pour différents délais autorisés d'attente de réponse t_r. $CW_{min} = 16$, $k = 16$, $N = 4$*

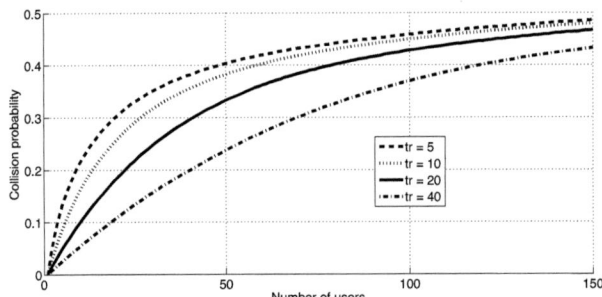

FIGURE 2.7 – *Représentation de P_{coll} vs. n : Probabilité de collision en fonction du nombre d'utilisateurs n, pour différents délais autorisés d'attente de réponse t_r. $CW_{min} = 16$, $k = 16$, $N = 4$*

Les figures 2.6 et 2.7 montrent l'influence du délai autorisé d'attente d'une réponse sur le taux de tentative et la probabilité de collision. La figure témoigne ainsi de l'énorme importance de ce paramètre : puisque chaque envoi de requête doit attendre sa réponse durant un certain nombre de trames, le taux de tentative est, lui, très sensible à la durée limite d'attente (t_r). Nous observons que le taux de tentative diminue rapidement à mesure que la probabilité de collision augmente. De plus, notons que la valeur de t_r définit le taux de tentative maximum accessible par un mobile. Enfin, nous observons que la probabilité de collision suit un comportement croissant concave. Ainsi, pour un grand nombre d'utilisateurs, les probabilités de collision, pour toutes les valeurs de t_r possibles, convergent peu à peu entre elles. Ceci est dû au fait qu'avec un grand nombre d'utilisateurs, beaucoup de retransmissions auront lieu. Par conséquent, les temps d'attente t_r deviendront négligeables en comparaison des fenêtres d'attente croissante de *backoff*. Nous ferons alors remarquer que le mécanisme de *backoff* joue ainsi son rôle préventif d'un trop grand nombre de collisions. Par exemple, avec $N = 4$, la probabilité de collision de 25 utilisateurs est seulement multipliée par deux pour une valeur de t_r divisée par huit (t_r variant de manière décroissante de 40 à 5 trame MAC).

2.3.3 Influence du nombre de codes

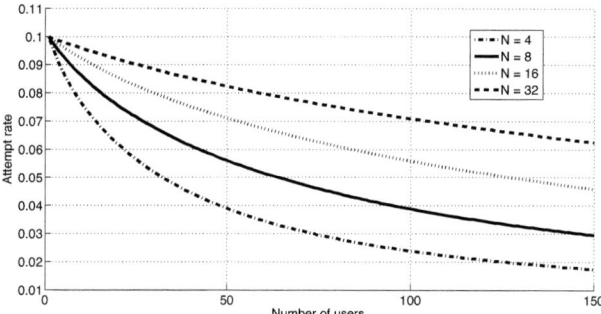

FIGURE 2.8 – *Représentation de β vs. n : Taux de tentative en fonction du nombre d'utilisateurs n, pour différentes plages de codes N. $CW_{min} = 16$, $k = 16$, $t_r = 10$*

Les figures 2.8 et 2.9 explicitent l'impact du nombre de codes sur le taux de tentative et la probabilité de collision. Remarquons qu'ici N n'a pas une influence directe sur le taux de tentative β en vertu de la relation (2.8), mais qu'en modifiant la probabilité de collision de par la relation (2.11), il modifie alors le point d'équilibre de la relation (2.10), et donc influence le taux de tentative. Ainsi, nous observons que l'augmentation de la plage des codes disponibles pour l'envoi des requêtes, améliore grandement les performances de ces envois. La probabilité de collision est quant à elle rapidement augmentée avec un nombre d'utilisateurs grandissant. C'est à ce stade là de l'étude que nous pensons qu'un procédé de partitionnement des codes d'envoi peut être une piste d'étude menant à l'amélioration des performances d'établissements de connexion pour les trafics les plus sensibles à ce délai.

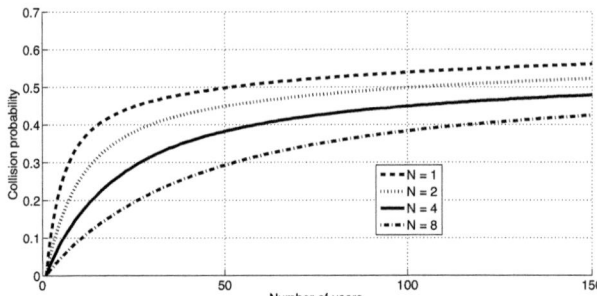

FIGURE 2.9 – *Représentation de β vs. n : Probabilité de collision en fonction du nombre d'utilisateurs n, pour différentes plages de codes N. $CW_{min} = 16$, $k = 16$, $t_r = 10$*

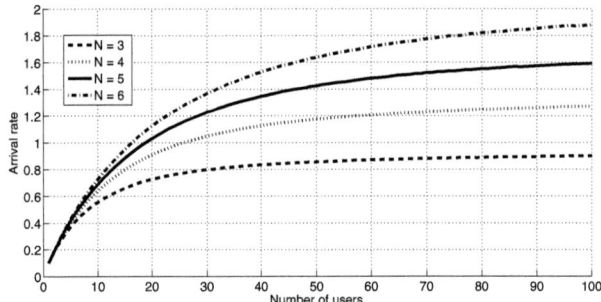

FIGURE 2.10 – *Représentation de λ vs. n : Nombre moyen des arrivées en fonction du nombre d'utilisateurs n, pour différentes plages de codes N. $CW_{min} = 16$, $k = 16$, $t_r = 10$*

De là, nous analysons le nombre moyen de requêtes λ, arrivant au niveau de la station de base. La figure 2.10 montre le nombre moyen des arrivées en fonction du nombre de codes. Ce nombre moyen augmente logiquement avec le nombre de codes disponibles pour l'envoi des requêtes. Nous observons aussi sur cette figure qu'un faible nombre de codes implique une faible augmentation des arrivées pour un nombre d'utilisateurs grandissant. Par exemple, cent utilisateurs aboutissent à largement deux fois plus d'arrivées de requête avec six codes qu'avec seulement trois codes. En fait, il est logique qu'un plus grand nombre de codes réduise fortement la probabilité que deux mobiles ou plus choisissent le même code pour leurs envois de requête. Nous utilisons ici trois et six codes afin de limiter nos temps de simulations, mais le standard IEEE802.16e est destiné à gérer un bien plus grand nombre de codes comme défini au chapitre 1.2.2

2.3.4 Evolution du délai de réponse

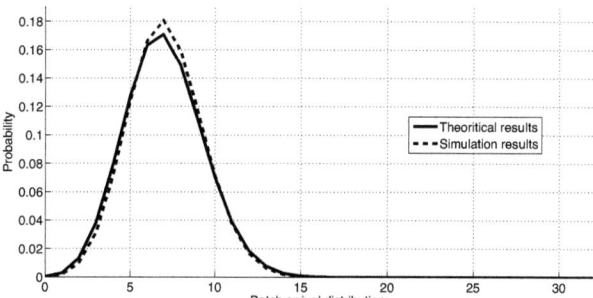

FIGURE 2.11 – *Représentation de la distribution des arrivées, $P(Z = x)$, en fonction du nombre d'utilisateurs. $CW_{min} = 16$, $k = 16$, $N = 32$, $n = 150$, $t_r = 10$*

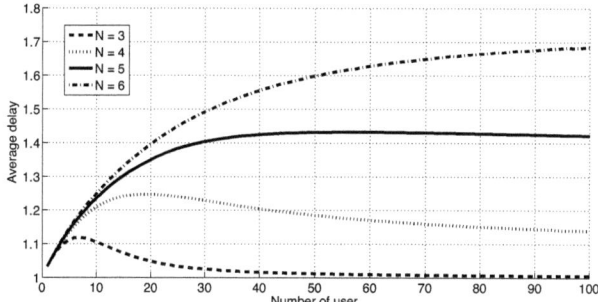

FIGURE 2.12 – *Représentation $D(\gamma)$ vs. n : Délai moyen en fonction du nombre d'utilisateurs n, pour différentes plages de codes N. $CW_{min} = 16$, $k = 10$, $t_r = 10$, $\mu = 3$*

Concernant le modèle de file d'attente développé, nous considérons que le modèle est validé dès lors que le processus d'arrivée issu du modèle et du simulateur correspondent. Or, la figure 2.11 atteste de cette correspondance. Cette figure représente les résultats numériques et comportementaux de la distribution des arrivées : $P(Z = j)$. La figure montre que pour 150 utilisateurs et une plage de 32 codes d'envoi de requête, les deux sources de résultats correspondent quasi-parfaitement. Par ailleurs, nous avons observé sur nos résultats une correspondance grandissante à mesure que le nombre d'utilisateurs augmente. Nous justifions cette augmentation de corrélation entre les deux sources de résultat par l'influence de l'approximation de Bianchi comme expliqué dans la section 2.3.1.

Nous terminons notre analyse point par point des résultats par celle du délai moyen entre l'envoi d'une demande de ressources à la station de base, et la réception d'une réponse par le mobile demandeur. La figure 2.12 montre les résultats de ce délai en fonction du nombre d'utilisateurs et du nombre de codes. Premièrement, nous remarquons que le délai moyen est grandement plus faible que le délai autorisé d'attente de la réponse (paramètre t_r) préconisé dans le standard. D'autres résultats, basés sur une plage de 32 codes de requêtes témoignent d'un délai maximal de 10 trames MAC. C'est d'ailleurs fort de cette première observation, que les résultats présentés ici utilisent le paramètre : $t_r = 10$. Une telle valeur implique un taux de tentative élevé. Mais même dans cet environnement à forte charge, les résultats obtenus sont loin de justifier une attente pouvant aller jusqu'aux 50 trames MAC énoncées par le standard. Donc, si une perte a lieu sur le canal lors de l'envoi d'une requête, le mobile émetteur est à même de prendre connaissance de cette perte dès les premières trames MAC suivantes, sans avoir à attendre pour cela un temps qui pourrait nuire à la QoS désirée par le service. En outre, cette figure répond à une des questions ayant motivées cette étude : comment déterminer le temps t_r approprié en fonction du nombre d'utilisateurs ? La figure 2.12 montre que pour chaque configuration, le délai moyen atteint une valeur maximale qui dépend du nombre de codes. Ainsi, nous donnons ici un moyen simple de déterminer le paramètre du *timer* T_3 adéquat à l'environnement de communication et basé sur l'observation du délai moyen.

Par ailleurs, en observant le délai moyen en fonction du nombre de codes, nous pouvons apprécier la capacité du système à supporter un grand nombre d'utilisateurs. En effet, la figure 2.12 montre un délai maximum pour un nombre d'utilisateurs n spécifique. Ce maximum augmente avec le nombre de codes. En fait, le délai diminue au delà de ce nombre n, du fait des collisions intervenant dans l'intervalle de contention. Ces collisions réduisent le nombre de requêtes entrant dans la file d'attente, et par conséquent, le délai moyen des réponses. Ainsi, le délai moyen d'envoi des réponses définit un nombre caractéristique d'utilisateurs. Ce nombre définit alors le maximum d'utilisateurs que le système peut efficacement prendre en charge.

2.3.5 Analyse globale

Les résultats obtenus dans ce chapitre montrent qu'il est possible d'obtenir de grandes améliorations de performances en réduisant uniquement le nombre limite de retransmissions autorisées k. En effet, la réduction de cette valeur conserve un taux de tentative relativement élevé tout en conservant une probabilité de collision acceptable et peu variante. De plus, l'étude du taux de tentative révèle que le délai d'attente accepté t_r ainsi que le nombre de codes pour les envois de requêtes N, constituent les paramètres ayant les plus forts impacts sur les performances des communications IEEE802.16e. En diminuant le premier et en augmentant le second, le système assure un plus grand nombre de réponses aux requêtes émises. D'une part, le paramètre t_r permet une gestion plus efficace du délai de traitement auquel sont soumises les requêtes au niveau de la station de base. Il permet de prendre plus vite connaissance d'une perte effective d'une requête sur le canal. Donc, il est nécessaire de pouvoir adapter ce paramètre au délai réel de séjour des requêtes dans la file d'attente de la station de base. D'autre part, N caractérise la capacité globale du système à gérer l'envoi de requêtes simultanées. En fonction du nombre de codes, le système peut déterminer le nombre optimal de retransmissions possibles k. Le nombre de codes N, constitue le facteur principal de robustesse vis à vis des collisions. La figure 2.10 témoigne que ce nombre de codes gagne à être évalué en fonction du nombre d'utilisateurs de la cellule. En fait, la capacité du système à offrir aux utilisateurs un certain niveau de service (GoS) dépend presque uniquement du nombre de codes N.

La figure 2.3 montre que par l'augmentation de la fenêtre initiale de *backoff* CW_{min}, nous diminuons aussi la probabilité de collision. Ce résultat est attendu après observation de la figure 2.2. Sur ce point, les constructeurs auront à trouver un compromis de performance entre le taux de tentative individuel et la probabilité globale de collision.

De l'ensemble de cette étude de performances sur couche MAC, nous considérons qu'il est possible d'introduire des mécanismes dynamiques d'adaptation à l'environnement des paramètres de communication. Ainsi, le paramètre t_r serait déterminé en fonction du nombre d'utilisateurs : en connaissance du nombre d'utilisateurs de la cellule (déclaré par un *Initial Ranging*, voir la section 1.2.2) et la plage des codes disponibles, la station de base peut calculer son délai moyen de traitement des requêtes afin de définir son propre paramètre de *timer* T_3. De plus, les observations faites vis à vis du délai moyen et de la caractérisation de son maximum nous pousse à penser que ces éléments peuvent servir au dimensionnement des cellules IEEE802.16e. La connaissance d'une plage fixe de codes et la prévision du délai de traitement des requêtes, permettent de définir la couverture optimale d'une cellule IEEE802.16e sur une zone géographique à densité de population aussi connue.

2.4 Contributions et perspectives

Ce chapitre propose un modèle analytique complet et général des performances sur couche MAC. La réalisation de ce modèle se base sur une analyse de point fixe (FPA), initialement développée par Altman et al. (Kumar et al., 2006). Par sa reformulation, nous sommes parvenu à réaliser un modèle de performance simple et propre au standard IEEE802.16e.

Ce modèle fournit le comportement du taux de tentative et de la probabilité de collision expérimentés par les mobiles d'une cellule IEEE802.16e. De plus, l'analyse numérique comprend un large ensemble de résultats obéissant aux variables d'environnement définies par le standard. Ainsi, nous pouvons critiquer l'impact de l'ensemble de ces paramètres sur différentes métriques de performances. En outre, il est important de souligner que nous fournissons à cette étude un couple de figures qui assure la validité et la cohérence de ce modèle de performance. D'une part, l'étude révèle que le délai de réponse des demandes de ressources t_r constitue le principal facteur de performance. Une adaptation de ce paramètre mènera à un gain important de performance et principalement vis à vis du délai d'établissement des connexions. Ensuite, la fenêtre initiale de congestion du *backoff* CW_{min} peut être aussi adaptée afin d'accroître le taux de tentative tout en conservant un taux de collision raisonnablement faible. De plus, l'étude prouve que le nombre limite de retransmission k a, quant à lui, un impact globalement mineur sur les performances, mais qu'une valeur voisine de 8 permettra là aussi un gain de performance appréciable.

D'autre part, nous fournissons ici les statistiques de collisions pour un large nombre d'utilisateurs, impliquant une lourde charge de trafic. Nous observons la grande influence du nombre de codes ainsi que celle du paramètre d'attente t_r. Le premier correspond au principal facteur limitant la capacité de gestion du système. D'ailleurs, ce fait montre clairement l'intérêt de définir un sous-partitionnement des codes entre les différentes classes de service, afin d'offrir à chacune une efficacité de gestion propre à leurs trafics.

La seconde étape de cette étude consiste à déterminer les caractéristiques et pistes d'amélioration du nombre moyen de requêtes arrivant au niveau de la file d'attente de la station de base. Nous y observons particulièrement l'impact de la plage des codes utilisés pour la modulation des demandes de ressources. L'étude confirme les conclusions précédentes, à savoir que le nombre de codes définit effectivement la capacité du système à nourrir efficacement la file d'attente de la station de base. De plus, nous fournissons aussi la distribution des arrivées simultanées, ainsi qu'une validation de ces résultats. Ce dernier élément de contribution constitue en fait apport majeur. En effet, il apparaît que l'ensemble des travaux antérieurs considèrent exclusivement les arrivées comme des processus de poisson. Or nous caractérisons dans ce chapitre le processus général résultant des influences réelles et combinées de la totalité des paramètres liés aux mécanismes opérant sur la couche MAC du IEEE802.16e.

2.4. Contributions et perspectives

La dernière partie de l'étude traite le délai moyen entre l'émission d'une demande de ressources et la réception de sa réponse. Le cas d'une file à tampon infini mène aux observations qui ont motivé cette étude. Le délai effectif, même dans un environnement à lourde charge de trafic, est largement inférieur à celui que le standard autorise ($D(\gamma) << t_r$) : les mobiles sont autorisés à attendre une réponse durant 50 trames MAC, mais nos résultats montrent que ce délai ne dépasse pas 3 trames MAC pour 50 utilisateurs, acceptant une attente de 5 trames MAC ($t_r = 5$). Notons ici que le délai réel diminue à mesure que ce temps d'attente augmente. Cette dernière remarque mène d'ailleurs à une autre observation : par l'augmentation du paramètre t_r, nous diminuons le nombre moyen d'arrivées, et donc, le délai moyen. Aussi, il est possible de mettre en place une méthode d'adaptation du paramètre d'attente des réponses en fonction du nombre des utilisateurs et du délai moyen réel de la file de la station de base. Enfin, l'étude de ce délai au niveau de la station de base révèle une conclusion inattendue : le délai permet de déterminer le nombre de codes nécessaires à la gestion la plus efficace du nombre des utilisateurs de la cellule IEEE802.16e.

Chapitre 3

Partitionnement des codes modulant de connexion

Contents

3.1	Formulation du problème		61
	3.1.1	Motivation et Objectifs	61
	3.1.2	Environnements	62
3.2	Modèle		63
	3.2.1	Analyse par Point Fixe	63
	3.2.2	Performances	65
3.3	Analyse numérique		70
	3.3.1	Validation du modèle	71
	3.3.2	Apport du partitionnement	72
	3.3.3	Gains de performance	74
	3.3.4	Dépendance et approximation des distributions d'arrivée	77
3.4	Conclusion et perspectives		79

3.1 Formulation du problème

3.1.1 Motivation et Objectifs

Nos motivations à entreprendre la présente étude s'articulent autour de trois enjeux d'amélioration. Le premier vise à mettre en place un premier élément de contrôle d'admission, di-

Chapitre 3. Partitionnement des codes modulant de connexion

rectement sur la couche MAC des utilisateurs : le partitionnement des codes sur les classes de service, si il est opéré de façon dynamique, permet de favoriser l'accès aux ressource du système. Cette prioritisation des classes de services se ferai en fonction des ressources encore disponibles au niveau de la station de base. Le deuxième enjeux consiste à offrir une réduction du délai de connexion aux appels temps réel. Les travaux portant sur le délai des communications dans le standard IEEE802.16 atteste de l'importance primordiale de ce délai d'établissement vis à vis du délai global des communications temps réel. Aussi, un partitionnement des codes entre classes permettrait aux classes de services sensibles au délai d'accéder plus rapidement aux ressources du système. Enfin, le dernier enjeux consiste à fournir aux communications un élément de contrôle de congestion des requêtes en entrée du système. En effet, le partitionnement offre la possibilité de limiter le nombre d'arrivées de requêtes. De ce fait, la station de base profiterait d'un allègement notable de sa charge. En outre, ce mécanisme permettrait d'éviter tout débordement de capacité des requêtes en attentes de traitement. De plus, un tel allègement de charge réduirait là encore les délais de traitement des requêtes, et par conséquent, le délai d'établissement des appels temps réel.

Ce chapitre vient en complément des résultats obtenus dans le chapitre précédent. Les conclusions de ce dernier chapitre énoncent l'importance majeure du nombre de codes dans les performances générales de connectivité des utilisateurs IEEE802.16e. Aussi, il nous semble nécessaire d'étudier les performances accessibles par un système associant les classes de service du standard avec un mécanisme de partitionnement des codes utilisés pour l'envoi des demandes de ressources. Ce chapitre vise donc à établir les gains de performances apportés par un mécanisme orignal de partionnement des codes. Partant du modèle initial, nous réalisons ici l'intégration de ce nouveau mécanisme aboutissant à la représentation des gains de performances au travers de plusieurs métriques. Enfin, fort de ce nouveau modèle élargi, le dernier enjeu sera d'apporter une critique pertinente quant au format optimal de ce partitionnement de code.

3.1.2 Environnements

L'environnement conserve l'intégralité de l'environnement défini dans le chapitre précédent (voir section 2.1.3).

En sus, nous mettons en place ici un mécanisme de partitionnement des codes servant à la modulation des requêtes de bande passante. Ainsi, la plage initiale N des codes associée aux envois de ces requêtes se subdivise en deux sous-plages : N_1 et N_2 ($N_1 + N_2 = N$). La première est entièrement dédiée aux trafics sensibles au délai : UGS et rtPS (voir section 1.3.5). Les codes composants cette sous-plage ne pourront être utilisés que par les mobiles désirant ouvrir une connexion répondant à une de ces deux classes de services prioritaires. Nous identifierons cette catégorie de trafic par la classe « 1 » ou « RT » en tant que classe la plus prioritaire. La deuxième plage de codes sera également disponible aux trafics de type 1, mais elle sera surtout la seule disponible aux trafics dits « 2 » ou « NRT » réunissant les connexions insensibles aux variations du délai : nrtPS et BE (voir section 1.3.5). Ainsi, nous établissons le principe de partionnement en interdisant aux trafics les moins prioritaires d'accéder à une partie des codes disponibles pour les demandes de ressources. Afin de rendre ce mécanisme et son modèle associé aussi général que possible, nous définissons ici α comme la probabilité qu'un trafic de classe 1 choisisse un code de la sous-plage N_1. Naturellement, $1 - \alpha$ correspond à la probabilité que ce même trafic choisisse un des codes de la sous-plage N_2. Notons que cette caractéristique nous permet de faire varier la nature du principe de partionnement : depuis un partionnement rigide où chaque trafic dispose de sa propre sous-plage de code (cas où $\alpha = 1$); vers une séparation plus flexible où les trafics les plus prioritaires disposent de ressources supplémentaires, mais impliquant une compétition avec les trafics moins prioritaires. Remarquons que le cas particulier où $\alpha = \dfrac{N_1}{N}$ correspond à une distribution uniforme du choix de code pour la classe 1. Par ailleurs, signalons qu'à l'intérieur de chaque sous-plage N_1 ou N_2, les codes sont choisis d'une manière uniforme, quelle que soit la probabilité α.

Enfin, nous définissons respectivement r et $1 - r$ comme les probabilités qu'un mobile engageant une nouvelle connexion le fasse respectivement dans la classe de trafic 1 et 2.

3.2 Modèle

3.2.1 Analyse par Point Fixe

Afin de développer une nouvelle analyse par Point Fixe propre au principe de partionnement des codes, certaines données doivent être définies :

Soit $R_{j,k}$, le nombre de tentatives nécessaires à la transmission des requêtes de ressources pour le paquet j d'une classe k, $B^i_{j,k}$ correspond quant à lui au temps d'attente aléatoirement choisi parmi la fenêtre de *backoff* pour la i-ième retransmission du paquet j de la classe k. Enfin, soit $b_{i,k}$, le temps moyen de $B^i_{j,k}$ pour tout paquet j de la classe k.

Le standard IEEE802.16e définit $b_{i,k}$ à travers la relation (3.1). p_k est le facteur multiplicateur pour la classe k qui augmente la taille de la fenêtre de *backoff* à chaque tentative d'envoi de requête. i correspond au numéro actuel de la tentative de connexion ($0 \leq i \leq m_k$) où m_k est le maximum de retransmissions autorisées pour la classe k. Enfin, $CWmin_k$ constitue la fenêtre de *backoff* initiale pour la classe k.

$$b_{i,k} = \frac{p_k^i.CWmin_k - 1}{2} \quad b_{0,k} = 0 \qquad (3.1)$$

Nous rappelons au travers de la figure 3.1 le schéma du principe sur lequel se base l'étude temporelle du Point Fixe.

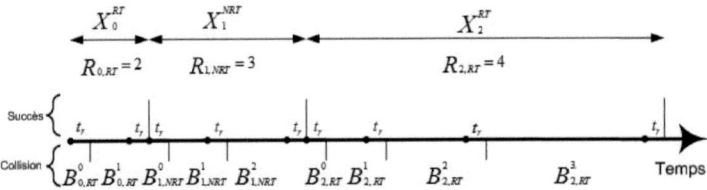

FIGURE 3.1 – *Chronogramme du processus de* backoff *dans le IEEE802.16e avec différenciation de classe de trafic*

De là, nous déterminons X_j^k, le nombre total de trames requises pour l'envoi, jusqu'à réception ou abandon, de la demande de ressources :

$$X_j^k = R_{j,k} t_r + \sum_{i=0}^{R_{j,k}} B_{j,k}^i \qquad k = \{1,2\} \qquad (3.2)$$

Soit β_k le taux de tentative pour les trafics de classe k, $k \in \{1,2\}$ et γ_k la probabilité de collision ressentie par un mobile pour la classe k.

Premièrement, nous calculons comme suit le taux de tentative des connexions de classe k :

$$\beta_k = \frac{E(R_k)}{E(X)}, \qquad k = \{1,2\} \qquad (3.3)$$

$$E(R_k) = 1 + \gamma_k + \gamma_k^2 + ... + \gamma_k^{m_k} \qquad (3.4)$$

$$E(X_k) = E(R_k) t_r + E\left(\sum_{i=0}^{R_{j,k}} B_{j,k}^i\right) \qquad (3.5)$$

$$E\left(\sum_{i=0}^{R_{j,k}} B_{j,k}^i\right) = b_{0,k} + \gamma_k b_{1,k} + \gamma_k^2 b_{2,k} + ... + \gamma_k^{m_k} b_{m_k,k} \qquad (3.6)$$

$$E(X) = rE(X_1) + (1-r)E(X_2) \qquad (3.7)$$

$E(X_1)$ et $E(X_2)$ correspondent aux temps moyens nécessaires à la finalisation d'un envoi de requête respectivement pour les classes 1 et 2.

De plus, le taux de tentative général β d'un mobile, quelque soit la classe de trafic est donné simplement par la somme des taux de tentatives respectifs à chaque classe :

$$\beta = \beta_1 + \beta_2 \tag{3.8}$$

Soit Γ_k, la probabilité qu'une tentative de classe k ne collisionne avec aucune autre tentative émise au même moment sur le même code. Cette probabilité correspond à la relation suivante :

$$\Gamma_1 = \sum_{i=0}^{n-1} \binom{n-1}{i}(1-\beta)^{n-i-1}\sum_{j=0}^{i}\binom{i}{j}\beta_1^j\beta_2^{i-j} \times \tag{3.9}$$
$$\Big(\sum_{l=0}^{j}\binom{j}{l}\alpha^{l+1}(1-\alpha)^{j-l}(1-\frac{1}{N_1})^l + \sum_{l=0}^{j}\binom{j}{l}(1-\alpha)^{l+1}\alpha^{j-l}(1-\frac{1}{N_2})^{i-j+l}\Big)$$
$$\Gamma_2 = \sum_{i=0}^{n-1} \binom{n-1}{i}(1-\beta)^{n-i-1}\sum_{j=0}^{i}\binom{i}{j}\beta_1^j\beta_2^{i-j} \times \tag{3.10}$$
$$\Big((1-\frac{1}{N_2})^{i-j} + \sum_{l=0}^{j}\binom{j}{l}\alpha^{j-l}(1-\alpha)^l(1-\frac{1}{N_2})^l\Big)$$

$$\gamma_1 = 1 - \Gamma_1(\beta_1,\beta_2) \quad \gamma_2 = 1 - \Gamma_2(\beta_1,\beta_2) \tag{3.11}$$

Au vu de ces relations nous mettons en valeur par la fonction G_k les dépendances liant les grandeurs β_k et γ_k entre elles. Ces fonctions G_k sont en fait les fonctions résultantes des relations étroites existant entre les taux de tentative et les probabilités de collision caractérisant les deux classes de service. Cette relation est explicitée au travers des égalités définissant la relation (3.3).

$$\beta_1 = G_1(\gamma_1,\gamma_2) \quad \beta_2 = G_2(\gamma_1,\gamma_2) \tag{3.12}$$

Suivant l'analyse de Point Fixe, le point d'équilibre du système correspond à la solution du système d'équations défini par les relations (3.11) et (3.12).

3.2.2 Performances

Nous déterminons le nombre de requêtes arrivant par trame IEEE802.16e. En effet, le nombre cumulé des requêtes émises durant l'espace de contention du lien montant aboutit à un certain nombre de requêtes entrant dans la file d'attente de la station de base. Rappelons qu'une demande de ressource aboutit à la station de base uniquement si cette requête n'est pas entrée en conflit avec une autre requête modulée par le même code choisi parmi la plage des codes

Chapitre 3. Partitionnement des codes modulant de connexion

accessibles à sa classe de trafic. Afin de fournir le plus grand champ d'étude de performance possible à notre modèle, nous formulons aux travers des relations suivantes la distribution des arrivées pour chaque plage de codes, ainsi que pour chaque classe de trafics.

Pour cela, soit Z_k le nombre de requêtes de classe k reçues avec succès. Notons d'ailleurs que $Z_k \in \{0, 1, .., N\}$ et $Z_1 + Z_2 \leq N$. Soit Z^s le nombre d'arrivées sur la sous-plage de code N_s. Naturellement, Z_k^s correspond au nombre de requêtes réussies pour la classe k sur la sous-plage N_s. Suivant la même nomenclature, nous définissons $X_k^s \in \{0, 1, .., n\}$ le nombre de mobiles transmettant simultanément une requête de classe k sur la sous-plage de codes s. $X_1^1 + X_2^1 + X_1^2 + X_2^2 \leq n$. Enfin, notons que $X_2^1 = 0$ et $X_2^2 = X_2$.

Arrivées par sous-plage « s »

Cette partie défini la distribution des arrivées sur chacune des sous-plages de codes : N_1 et N_2. Notez que ces distributions dépendent de l'étendue de chacune de ces sous-plages. Toutefois, nous excluons la représentation de ces valeurs dans le but de faciliter la lecture des relations.

Soit Z^1, $Z^1 \leq N_1$, la variable aléatoire du nombre de tentatives engagées sur la sous-plage N_1.

$$P(Z^1 = i) = \sum_{j=i}^{n} P(Z^1 = i | X_1 = j) P(X_1 = j) \quad (3.13)$$

$$P(X_1 = i) = \binom{n}{i} \beta_1^i (1 - \beta_1)^{n-i} \quad (3.14)$$

$$P(Z^1 = i | X_1 = j) = \sum_{k=i}^{j} P(Z^1 = i | X_1^1 = k) P(X_1^1 = k | X_1 = j) \quad (3.15)$$

$$P(X_1^1 = k | X_1 = j) = \binom{j}{k} \alpha^k (1 - \alpha)^{j-k} \quad (3.16)$$

La probabilité $P(Z^1 = i | X_1^1 = k, N_1)$ peut être calculée en se basant sur la relation (2.15) définie dans la section du chapitre précédent : section 2.2.2. Ce calcul aboutit à la relation suivante :

$$P(Z^1 = j | X_1^1 = i, N_1) = \sum_{k=0, k \neq 1}^{i} \binom{i}{k} (1 - \frac{1}{N_1})^{i-k} (\frac{1}{N_1})^k P(Z^1 = j | X_1^1 = i - k, N_1 - 1)$$
$$+ \binom{i}{1} (1 - \frac{1}{N_1})^{i-1} \frac{1}{N_1} P(Z^1 = j - 1 | X_1^1 = i - 1, N_1 - 1) \tag{3.17}$$

La condition initiale au calcul récursif est donnée par :

$$P(Z^1 = j | X_1^1 = i, 0) = \begin{cases} 1 & \text{si } j = 0 \\ 0 & \text{sinon} \end{cases} \tag{3.18}$$

Enfin, le nombre moyen d'arrivées sur la sous-plage de codes 1 est donné par la relation suivante :

$$\lambda^1 = \sum_{x=0}^{N_1} x P(Z^1 = x) \tag{3.19}$$

Soit Z^2, $Z^2 \leq N_2$, la variable aléatoire du nombre de tentatives engagées sur la sous-plage N_2.

$$P(Z^2 = i) = \sum_{j=i}^{n} P(Z^2 = i | X = j) P(X = j) \tag{3.20}$$

$$P(Z^2 = i | X = j) = \sum_{k=i}^{j} P(Z^2 = i | X_1^2 + X_2 = k, X = j) \times$$
$$P(X_1^2 + X_2 = k | X = j) \tag{3.21}$$

La probabilité $P(Z^2 = i | X_1^2 + X_2 = k, X = j)$ peut être elle aussi déduite de la relation (2.15), où le dernier terme de la dernière équation est donné par :

$$P(X_1^2 + X_2 = k | X = j) = \sum_{l=0}^{k} \binom{k}{l} \left(\frac{\beta_2^l \beta_1^{j-l}}{\beta^j}\right) \binom{j-l}{k-l} \alpha^{j-k} (1-\alpha)^{k-l} \tag{3.22}$$

Enfin, le nombre moyen d'arrivées sur la sous-plage de codes 2 est donné par la relation suivante :

$$\lambda^2 = \sum_{x=0}^{N_2} x P(Z^2 = x) \tag{3.23}$$

Chapitre 3. Partitionnement des codes modulant de connexion

Arrivée par classe « k »

Soit Z_1, $Z_1 \leq N$, la variable aléatoire du nombre de tentatives de classe 1 (temps réel) entrant dans le système.

$$P(Z_1 = i) = \sum_{j=0}^{i} P(Z_1^2 = j) P(Z^1 = i - j) \tag{3.24}$$

La probabilité $P(Z^1 = i - j)$ nous est donnée par la relation (3.13).

$$P(Z_1^2 = i) = \sum_{j=i}^{n} P(Z_1^2 = i | X = j) P(X = j) \tag{3.25}$$

La probabilité $P(X = j)$ est donnée par :

$$P(X = j) = \binom{n}{j} \beta^j (1 - \beta)^{n-j} \tag{3.26}$$

$$P(Z_1^2 = i | X = j) = \sum_{k=0}^{j-i} P(Z_1^2 = i | X_2 = k, X = l) P(X_2 = k | X = j) \tag{3.27}$$

$$P(X_2 = k | X = j) = \binom{j}{k} \frac{\beta_2^k \beta_1^{j-k}}{\beta^j} \tag{3.28}$$

$$\begin{aligned} P(Z_1^2 = i | X_2 = k, X = l) &= \sum_{l=i}^{j-k} P(Z_1^2 = i | X_1^2 = l, X_2 = k, X = j) \times \\ &\quad P(X_1^2 = l | X_2 = k, X = j) \end{aligned} \tag{3.29}$$

$$P(X_1^2 = l | X_2 = k, X = j) = \binom{j-k}{l} \alpha^{j-k-l} (1 - \alpha)^l \tag{3.30}$$

La probabilité $P(Z_1^2 = i | X_1^2 = l, X_2 = k, X = j)$ est elle aussi obtenue via la relation récursive (2.15).

3.2. Modèle

Enfin, le nombre moyen d'arrivées des appels temps réel est donné par la relation suivante :

$$\lambda_1 = \sum_{x=0}^{n} x P(Z_1 = x) \quad (3.31)$$

Soit Z_2, $Z_2 \leq N_2$, la variable aléatoire du nombre de tentatives de classe 2 (non temps réel) entrant dans le système.

$$P(Z_2 = i) = \sum_{j=i}^{n} P(Z_2 = i | X = j) P(X = j) \quad (3.32)$$

La probabilité $P(X = j)$ est donnée par la relation (3.26)

$$P(Z_2 = i | X = j) = \sum_{k=i}^{j} P(Z_2 = i | X_2 = k, X = l) P(X_2 = k | X = j) \quad (3.33)$$

La probabilité $P(X_2 = k | X = j)$ est donnée par la relation (3.28)

$$\begin{aligned} P(Z_2 = i | X_2 = k, X = l) &= \sum_{l=0}^{j-k} P(Z_2 = i | X_1^2 = l, X_2 = k, X = j) \times \\ & \quad P(X_1^2 = l | X_2 = k, X = j) \end{aligned} \quad (3.34)$$

La probabilité $P(X_1^2 = l | X_2 = k, X = j)$ est donnée par la relation (3.30)

La probabilité $P(Z_2 = i | X_1^2 = l, X_2 = k, X = j)$ est elle aussi obtenue via la relation récursive (2.15).

Enfin, le nombre moyen d'arrivées des appels non temps réel est donné par la relation suivante :

$$\lambda_2 = \sum_{x=0}^{n} x P(Z_2 = x) \quad (3.35)$$

Soit Z la variable aléatoire qui représente le nombre total des arrivées. Dès lors que Z^1 et Z^2 sont indépendantes, la distribution de Z est obtenue par le produit de toutes les configurations possibles d'arrivées entre les requêtes de type RT et NRT.

$$P(Z = j) = \sum_{k=0}^{j} P(Z^1 = k) P(Z^2 = j - k) \quad (3.36)$$

Par la suite, nous définissons les caractéristiques du système quant au traitement des requêtes arrivant en entrée de la station de base. A chaque temps système, les demandes de ressources arrivant au niveau de la station de base sont mises en file d'attente. Nous supposerons ici que la file d'attente se compose d'un tampon infini. Soit H, la variable aléatoire du nombre de service effectués par la station de base durant une trame MAC.

En l'occurrence, la stabilité du système est garantie dès lors que le nombre moyen des arrivées d'appel est inférieur au nombre moyen des services effectués durant un même intervalle de temps. Aussi, la condition de stabilité est la suivante :

$$\lambda_1 + \lambda_2 < \mu \tag{3.37}$$

Maintenant, nous désignons par M_t l'état de la chaîne à temps discret de Markov au temps t, et par Q_{ij} la probabilité de transitions entre un état $M_t = i$ et $M_{t+1} = j$. Ces probabilité sont déterminées par les relations suivantes :

$$Q_{ij} = \begin{cases} P(Z = j | N_1, N_2) & \text{si } i = 0 \\ P(H \geq i)P(Z = j) + \sum_{k=0}^{i-1} P(H = k)P(Z = j - i + k) & \text{sinon} \end{cases} \tag{3.38}$$

L'ensemble des probabilités de transition compose la matrice de transition d'état du système de la manière suivante :

$$Q = \begin{pmatrix} Q_{00} & Q_{01} & \dots \\ Q_{10} & Q_{11} & \dots \\ \dots & \dots & \dots \end{pmatrix} \tag{3.39}$$

Enfin, soit π la distribution stationnaire. Du moment que le système est ergodique, le système suivant d'équations linéaires caractérise la solution unique de distribution stationnaire du système :

$$\begin{cases} \pi = \pi Q \\ \sum_{n=0}^{\infty} \pi(n) = 1. \end{cases} \tag{3.40}$$

Le nombre moyenne de requêtes en attentes, ainsi que le temps moyen de séjour dans la file suivent respectivement les relations (2.22) et (2.23) du chapitre précédent.

3.3 Analyse numérique

Le protocole et les outils d'analyses numériques correspondent à ceux utilisés et décrits dans le chapitre précédent à la section 2.3.

3.3.1 Validation du modèle

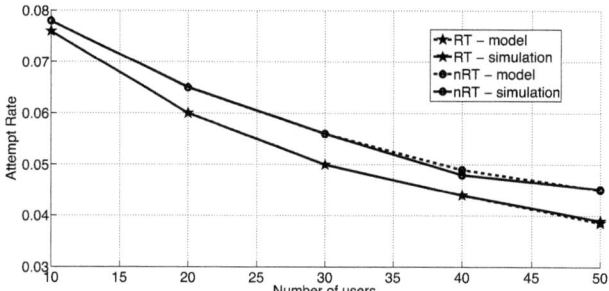

FIGURE 3.2 – *Taux de tentative RT et NRT en fonction du nombre d'utilisateurs n. $CWmin_k = 16$, $m_k = 10$, $tr = 5$, $N_1 = 8$, $N_2 = 8$, $r = 0.5$*

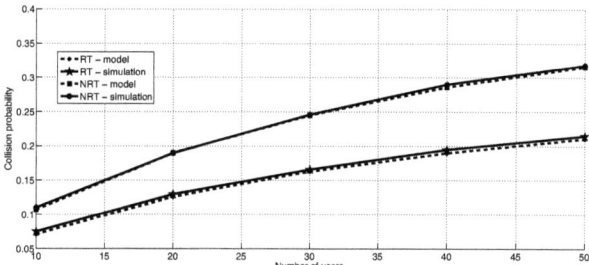

FIGURE 3.3 – *Probabilité de collision RT et NRT en fonction du nombre d'utilisateurs n. $CWmin_k = 16$, $m_k = 10$, $tr = 5$, $N_1 = 8$, $N_2 = 8$ et $r = 0.5$*

Nous comparons en premier lieu les résultats numériques avec ceux de notre simulateur comportemental. La figure 3.2 représente la comparaison des taux de tentative pour chaque classe en fonction du nombre d'utilisateurs. Nous observons sur cette figure que les résultats concordent parfaitement, nous permettant de valider notre modèle théorique. Cette observation se confirme sur la figure 3.3 présentant cette même comparaison pour la probabilité de collision. De plus, la figure 3.4 présente là aussi une figure comparant les distributions des arrivées par plage Z^1 et Z^2 issues du modèle théorique et des simulations comportementales des stations IEEE802.16e. La très forte corrélation liant ces deux types de résultats nous confirme la

Chapitre 3. Partitionnement des codes modulant de connexion

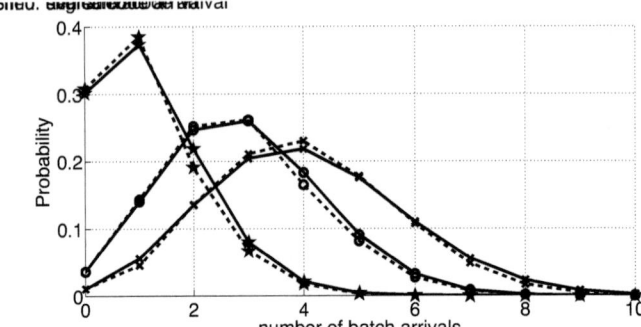

FIGURE 3.4 – *Distributions des arrivées globales et par sous-plage de codes en fonction du nombre d'utilisateurs n. $CWmin_k = 16$, $m_k = 10$, $tr = 5$, $N = 24$, $N_2 = 12$, $n = 75$ et $r = 0.5$*

pertinence de notre modèle des arrivées.

3.3.2 Apport du partitionnement

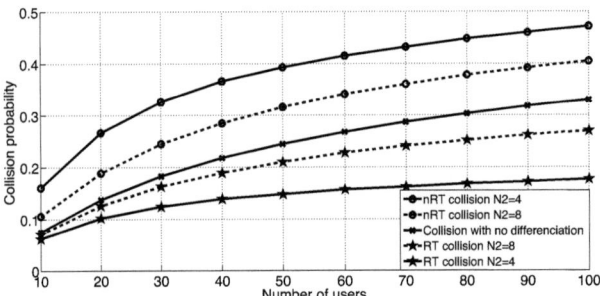

FIGURE 3.5 – *Probabilité de collision RT et NRT en fonction du nombre d'utilisateurs n pour différents profils de partitionnement N_2. $CWmin_k = 16$, $m_k = 10$, $tr = 5$, $N = 16$ et $r = 0.5$*

De là, nous comparons sur la figure 3.5 les probabilités de collision obtenues avec et sans l'utilisation du partitionnement des codes. Ainsi, nous observons que le principe de partitionnement réduit fortement les collisions des trafics temps réel en offrant un espace de codes élargi

3.3. Analyse numérique

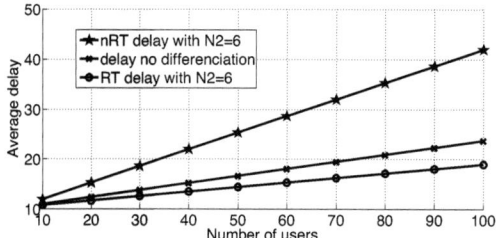

FIGURE 3.6 – *Délai RT en fonction du nombre d'utilisateurs n, pour différents profils de partitionnement N_2. $CWmin_k = 16$, $m_k = 10$, $tr = 5$, $N = 16$ et $r = 0.5*$

et dédié à ces trafics. Par conséquent, une telle mesure facilite l'accès au canal pour les requêtes de ressources. La figure 3.6 montre explicitement la réduction du délai d'établissement de connexion pour ce type de trafic.

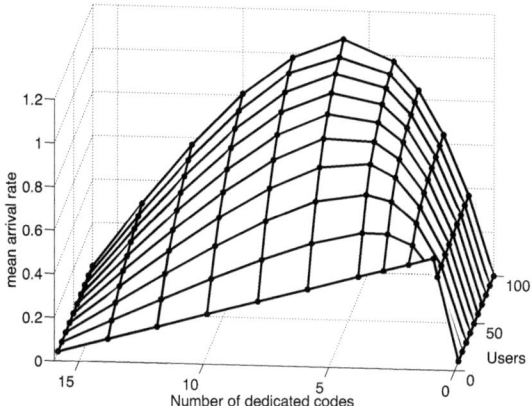

FIGURE 3.7 – *Arrivée moyenne sur la sous-plage de code dédiée au trafic RT (N_1) en fonction du nombre d'utilisateurs n et pour différents profils de partitionnement N_1. $CWmin_k = 16$, $m_k = 10$, $tr = 5$, $N = 16$ et $r = 0.50$*

Au travers de la figure 3.7, nous observons le comportement moyen du nombre des arrivées suivant l'importance du partitionnement opéré sur les codes. La figure témoigne que le

73

partitionnement offre de meilleurs performances à condition que la configuration (choix de N_2) se fasse en considérant le nombre d'utilisateurs. En effet, il est primordial de remarquer qu'une trop large plage de codes N_1 dédiée aux trafics temps réel engendre un effondrement des performances des trafics non temps réel. En conséquence, les mobiles désirant engager une connexion non temps réel, demeure longuement en attente de fin de *backoff*. Aussi, les envois de requêtes des trafics temps réels se font de plus en plus rare. Dans l'état, ceci n'affecte pas réellement les performances de délai une fois que le mobile engage une première tentative de trafic temps réel. Par contre, ce ralentissement devient catastrophique si l'on considère que les trafics temps réel demeurent plus longuement en attente au niveau de l'ordonnanceur de trafic de chaque mobile. Ainsi, le principe de partitionnement des codes doit se faire en accord avec le nombre d'utilisateurs : pour un nombre d'utilisateurs donné, le nombre moyen des arrivées atteint un maximum pour une sous-plage de codes dédiés N_1 spécifique. Notons que cette plage de codes optimale augmente légèrement à mesure que le nombre d'utilisateurs grandit aussi.

3.3.3 Gains de performance

Sur les figures 3.8 à 3.11, nous explicitons le gain obtenu par le partitionnement sur les probabilités de collision et délai des trafics temps réel et non temps réel. Ce gain se base sur l'expression (3.41) où v_{ori} et v_{new} sont respectivement les valeurs originales obtenues dans le chapitre précédents et celles exploitant le partitionnement de codes. Les résultats en ordonnée correspondent au pourcentage de gain par rapport aux résultats obtenus dans le chapitre précédent (voir la section 2.3). Cette figure témoigne aussi de l'impact du paramètre α définissant le type de distribution de probabilité suivi dans le choix des sous-plages de codes pour les trafics temps réel.

$$\text{Gain} = \frac{v_{ori} - v_{new}}{v_{ori}} \qquad (3.41)$$

La figure 3.8 montre le gain obtenu sur la probabilité de collision pour les trafics temps réel. Elle montre que notre mécanisme permet de réduire les collisions des requêtes jusqu'à 70 %. De plus, nous identifions le couple de valeurs $\{N_2, \alpha\}$ qui détériore particulièrement les performances des requêtes temps réel. Afin, de pouvoir mieux juger du couple de valeurs optimale $\{N_2, \alpha\}$, nous proposons dans la figure 3.9 l'observation de ce même gain pour les requêtes de type non temps réel. Pour ce type de trafic, nous observons naturellement que les performances des trafics non temps réel augmentent à mesure que l'étendue de codes disponibles, N_2, s'élargit et la probabilité α grandit. Néanmoins, la comparaison des résultats contenus par ces deux figures montre qu'un compromis entre les gains atteignables par chacun des trafics est aussi possible. Par exemple, pour $N_2 \geq \dfrac{N}{2}$ et $\alpha \leq 0,5$ on observe une diminution significative des collisions pour les deux types de trafic. Ainsi, en fonction de ses objectifs commerciaux et ta-

3.3. Analyse numérique

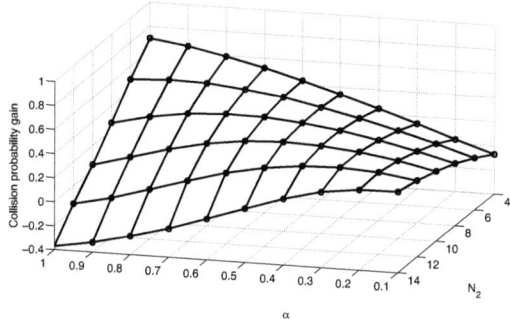

FIGURE 3.8 – *Gain de la probabilité de collision des trafics RT en fonction du profil de partitionnement N_2 et de la probabilité α. $CWmin_k = 16$, $m_k = 10$, $tr = 5$, $N = 16$, $n = 50$ et $r = 0.5$*

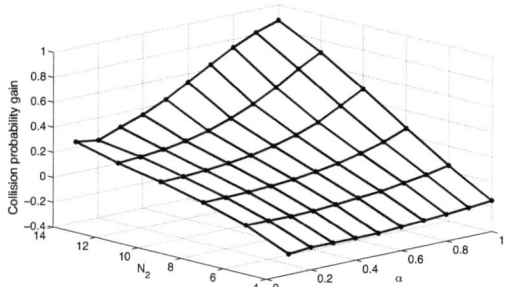

FIGURE 3.9 – *Gain de la probabilité de collision des trafics NRT en fonction du profil de partitionnement N_2 et de la probabilité α. $CWmin_k = 16$, $m_k = 10$, $tr = 5$, $N = 16$, $n = 50$ et $r = 0.5$*

rifaires, un fournisseur d'accès IEEE802.16e pourra définir ses propres règles de prioritisation entre ces deux types de flux de données.

En complément aux résultats déjà présentés, nous fournissons ici les figures représentatives des gains accessibles pour le délai d'établissement de connexions pour les deux types de trafic. Premièrement, la figure 3.10 montre le gain, toujours exprimé en pourcentage, pour le délai des trafics temps réel. A l'inverse des comportements observés précédemment, les gains les plus

Chapitre 3. Partitionnement des codes modulant de connexion

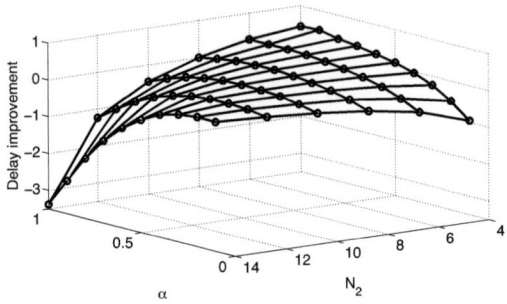

FIGURE 3.10 – *Gain de délai des trafics RT en fonction du profil de partitionnement N_2 et de la probabilité α. $CWmin_k = 16$, $m_k = 10$, $tr = 5$, $N = 16$, $n = 50$ et $r = 0.5$*

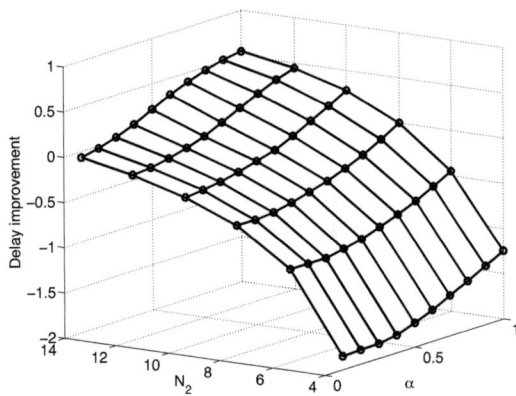

FIGURE 3.11 – *Gain de délai des trafics NRT en fonction du profil de partitionnement N_2 et de la probabilité α. $CWmin_k = 16$, $m_k = 10$, $tr = 5$, $N = 16$, $n = 50$ et $r = 0.5$*

forts s'obtiennent ici par l'utilisation de valeurs élevées pour α et faibles pour N_2. Concernant les gains possibles pour le délai des trafics non temps réel, le comportement est similaire à la figure 3.9.

De manière générale, l'étude des gains révèle que de fortes améliorations sont possibles à condition qu'on établisse une préférence claire entre la probabilité de collision et le délai d'établissement de connexion. Néanmoins, l'observation précise des résultats montre qu'un gain mutuel est possible pour un petit éventail de valeurs du couple $\{N_2, \alpha\}$: $8 \leq N_2 \leq 10$ et $0,4 \leq \alpha \leq 0,6$.

3.3.4 Dépendance et approximation des distributions d'arrivée

Nous terminons cette analyse numérique par la discution de la dépendance implicite existante entre les arrivées de chaque trafic. En effet, nous avons remarqué précédemment que quelque soit le nombre des arrivées RT et NRT, il existe des relations de dépendance : $Z_1 \leq N$, $Z_2 \leq N_2$ et $Z_1 + Z_2 \leq N$.

Par exemple, la figure 3.12 montre la distribution jointe des arrivées des requêtes relatives aux appels temps réel et non temps réel. Ces résultats ont été obtenus pour un groupe de 50 utilisateurs exploitant 8 codes $N = 8$. Ces codes sont partitionnés à raison de 4 codes dédiés aux trafics temps réel $N_1 = 4$ et 4 autres codes partagés entre les trafics temps réel et non temps réel $N_2 = 4$. Les autres paramètres suivent le standard IEEE802.16e (Forum, 2005).

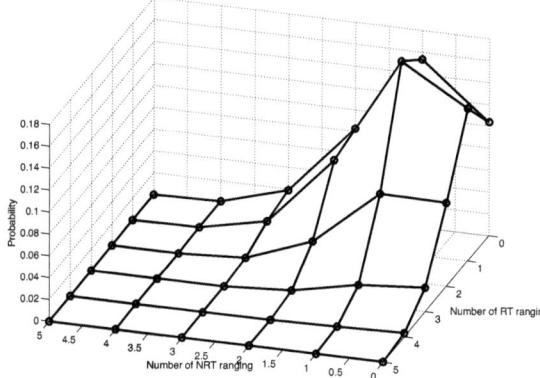

FIGURE 3.12 – *Distributions des arrivées temps réel et non temps réel pour 50 utilisateurs, 4 codes RT dédiés et 4 codes NRT partagés*

Chapitre 3. Partitionnement des codes modulant de connexion

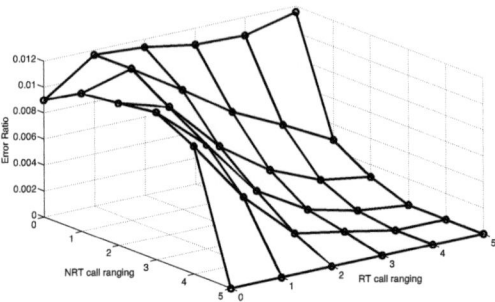

FIGURE 3.13 – *Erreur relative entre l'approximation par deux distributions gaussiennes et celle des arrivées par classe de service (figure 3.12)*

Au vu de ces résultats nous jugeons que cette distribution peut pertinemment être approximée par le produit de gaussiennes. Afin d'appuyer ce fait, nous comparons la distribution de ces arrivées avec d'autres, obtenues par combinaison de deux distributions gaussiennes. Ainsi, nous définissons deux variables aléatoires ψ_1 et ψ_2 indépendantes de distributions gaussiennes discrétisées tronquées et normalisées. Ces distributions se définissent à travers les moyennes respectives μ_1, μ_2 et les variances σ_1, σ_2 respectivement. Nous considérons leur produit suivant la relation suivante :

$$P(Z_1^\psi = i, Z_2^\psi = j) = P(\psi_1 = i)P(\psi_2 = j) \qquad (3.42)$$

En considérant un large spectre de valeurs pour les moyennes et variances de ces deux gaussiennes, nous comparons la distribution de la relation (3.42) avec celle obtenue par notre simulateur comportemental. Or nous obtenons une approximation fine de celle d'origine. Ainsi, la figure 3.13 présente l'erreur relative calculée à partir de la relation (3.41) entre les différentes probabilités présentées par la figure 3.12 et celles issues de notre approximation. L'expérience a porté sur deux distributions gaussiennes de moyenne $\mu_1 = 0.5575$ et $\mu_2 = 0.7564$ et de variance $\sigma_1 = 1.2739$ et $\sigma_2 = 1.0749$ respectivement. Ces distributions suivent la loi normale qui à tout réel x, y associe une probabilité y suivant la relation (3.43). Dans cette configuration, l'erreur relative d'approximation ne dépasse jamais les 0.012. Autrement dit, en tout point de notre distribution des arrivées temps réel et non temps réel, l'approximation par un produit de deux gaussiennes n'excède pas les 1.2 %. Cette expérience empirique nous porte à croire que le comportement des arrivées par classe de service dans un système IEEE802.16e peut être approximé par le somme de deux variables aléatoires indépendantes de distributions gaussiennes. En outre, cet observation nous amène aussi à considérer la faisabilité d'exploitation d'une nouvelle hypothèse. L'expérience menée ici se base sur un grand nombre de codes ($N = 8$) vis à vis du nombre d'utilisateur ($n = 50$). Aussi, les probabilités d'avoir un grand nombre d'arrivées simultanées par classe est extrêmement faible (voir la figure 3.4 par exemple). Dès lors, nous pouvons dresser l'hypothèse, que dans un tel environnement, les processus d'arrivée des deux classes de trafics sont indépendants.

$$y = f(x|\mu, \sigma) = \frac{1}{\sigma\sqrt{2\pi}} e^{\frac{-(x-\mu)^2}{2\sigma^2}} \qquad (3.43)$$

3.4 Conclusion et perspectives

Cette partie de l'étude développe un élargissement original du modèle mis en place dans le chapitre précédent. Nous y développons un nouveau modèle théorique introduisant un mécanisme nouveau de partitionnement adaptatif des codes alloués exclusivement aux trafics temps réel. Ce mécanisme est caractérisé par le couple de valeurs $\{N_2, \alpha\}$. Il a pour but d'apporter une granularité supplémentaire favorisant les trafics sensibles au délai d'établissement de connexion avec la station de base. En outre, nous proposant dans ce chapitre un outil simple ouvrant un large champs d'application sur les mécanismes d'établissement de connexion de la couche MAC.

Ainsi, le principe de partitionnement établit un élément de contrôle d'admission en amont de celui opéré par la station de base. Ainsi certains types de service se verraient refuser l'envoi de requêtes de ressources par une absence de codes disponibles à leur attention. Cette mesure a pour but d'empêcher un service de consommer les ressources radio utiles à l'envoi d'un « ranging request », alors que la station de base est dans l'incapacité de lui attribuer la moindre ressource. Par exemple, nous pouvons définir un algorithme adaptatif définissant les plages de codes accessibles pour chaque type de trafic en fonction des ressources encore disponibles pour ces flux. Ce mécanismes diminuerait le nombre de codes alloués aux trafics temps réel, dans la mesure où ces derniers occupent déjà la quasi-totalité des ressources du système. En outre, les trafics permettant le partage dynamique des ressources auront de plus grandes chances d'accès au système IEEE802.16. Par ailleurs, la station de base peut de la même manière limiter l'engorgement des requêtes à son entrée. En conséquence, les trafics temps réel ont maintenant la possibilité de réduire de manière forte le délai d'engagement de leurs transmissions. Enfin, ce principe peut à terme mener à une réduction globale des temps de traitement des requêtes au niveau de la station de base.

Autre contribution majeure de cette étude : la caractérisation des arrivées par rafale. En effet, à ce jour, il nous semble que cette étude est la première à proposer un calcul abouti de la distribution des arrivées discrètes par classe de service. En l'occurrence, ce calcul exploite la

Chapitre 3. Partitionnement des codes modulant de connexion

totalité des paramètres relatifs à l'engagement des communications dans le IEEE802.16. Aussi, ces distributions constituent une contribution majeure. Elles définissent un processus d'arrivée réaliste, générale et entièrement paramètrable pour tout travaux futur. Par ailleurs, l'étude montre que la distribution des arrivées par classe peut être approximée par la combinaison de deux distributions gaussiennes. Ce fait introduit la possibilité et la justification d'exploiter des arrivées de type gaussien pour tout travaux futurs portant ou utilisant un processus d'arrivée des requêtes dans le standard IEEE802.16.

Les résultats obtenus dans cette étude expriment de manière qualitative et quantitative la nature des gains donnés par ce nouveau mécanisme de partitionnement des codes. Ce mécanisme offre une maîtrise complète des améliorations de performances accessibles pour chaque type de trafic. Ainsi, tout fournisseur d'accès pourra se définir sa propre politique de différenciation de flux. Ce choix pourra aller de pair avec une tarification adéquate. En effet, au travers du choix du couple de paramètres $\{N_2, \alpha\}$, un fournisseur de service IEEE802.16e pourra choisir le couple en fonction de la métrique de performance devant faire l'objet d'une amélioration particulière.

Dans une vision plus égalitaire d'amélioration conjointe, les mobiles IEEE802.16e peuvent améliorer leurs performances globales de connexions (collision et délai) par l'utilisation d'un principe de partitionnement où les codes sont répartis suivant le nombre de requêtes respectif pour chaque trafic et une distribution uniforme du choix des codes pour les trafics temps réels. Soit en d'autre terme :

$$r = \frac{N_2}{N} \quad \text{et} \quad \alpha = \frac{N_1}{N} \tag{3.44}$$

Partant de l'idée fondatrice de ce mécanisme, différentes pistes de recherche sont identifiables. Premièrement, les classes de trafic prises indépendamment : nrtPS, rtPS et UGS pourraient se voir allouer une partie dédiée de la plage des codes tout en conservant l'accès au seuls codes accessibles au trafic *Best Effort*. La formalisation de ce principe généralisé de partitionnement permettrait une différenciation extrêmement fine et modulable de différenciation des services entre eux. Par ailleurs, nous avons montré que le processus d'arrivée des requêtes temps réel et non temps réel peut être approximé par le produit de deux variables aléatoires indépendantes de distributions gaussiennes . Aussi, il nous importe de pouvoir caractériser les paramètres de ces deux distributions en fonction de ceux de communications. Ainsi, nous serions à même d'identifiant les relations liant les moyennes et variances de ces distributions gaussienne avec l'ensemble des paramètres des mécanismes de connexion du standard IEEE802.16e.

Deuxième partie

Contrôle d'admission et de la mobilité d'une cellule IEEE802.16e

Chapitre 4

Contrôle d'admission sur une cellule IEEE802.16e

Contents

4.1	Formulation du problème	84
	4.1.1 Objectifs	84
	4.1.2 Environnement	84
	4.1.3 Description du système	85
	4.1.4 Algorithme du contrôle d'admission	85
4.2	Modèle théorique	86
	4.2.1 Définition des états du système	86
	4.2.2 Arrivées et départs du système	88
	4.2.3 Transitions d'état du système	90
4.3	Mesures de performance	93
	4.3.1 Débit total des trafics non temps réel	93
	4.3.2 Temps moyen de séjour des appels non temps réel	93
	4.3.3 Probabilité de blocage des trafics temps réel	94
4.4	Résultats et analyses numériques	95
4.5	Bilan et perspectives	99

Chapitre 4. Contrôle d'admission sur une cellule IEEE802.16e

4.1 Formulation du problème

4.1.1 Objectifs

Le chapitre précédent identifie et modélise les performances sur couche MAC des utilisateurs IEEE802.16e. En outre, nous y avons intégré un principe nouveau de partitionnement logique des codes CDMA entre les deux principaux types de trafic. La continuité de cette étude vise à faire de même au niveau structurel supérieur. En effet, nous désirons maintenant étudier la capacité d'une cellule IEEE802.16e à accueillir des utilisateurs mobiles. L'objectif est alors de modéliser et d'étudier le comportement d'un tel système en fonctionnement. Un autre objectif est de proposer différents mécanismes liés au contrôle d'admission. Dans ce chapitre, nous cherchons à étudier les performances atteintes par notre algorithme de contrôle d'admission. Cet algorithme se définit au travers de ses objectifs. Premièrement, il doit fournir aux trafics temps réel les ressources demandées. Deuxièmement, il doit assurer l'équité d'accès aux ressources entre les trafics non temps réel. En outre, l'algorithme de CAC doit aussi empêcher toute famine de ressources pour ces même appels. Enfin, il doit maintenir la plus grande efficacité possible vis à vis de l'utilisation des ressources radio.

4.1.2 Environnement

Nous développons dans ce chapitre un modèle de capacité original pour une cellule IEEE802.16e. Ce modèle intègre le mécanisme de différenciation de trafic du chapitre précédent. En se basant sur le processus général des arrivées de requêtes, nous proposons ici un nouvel algorithme d'allocation de ressources pour les trafics temps réel basé sur la position de l'utilisateur (SNR) dans la cellule.

Dans ce système, toutes les connexions temps réel requièrent un même débit constant et les durées de ces appels sont indépendantes de la quantité de ressources consommées. En effet, l'expérience et la logique nous montrent que le temps de séjour d'un appel temps réel dans un tel système est uniquement lié aux habitudes comportementales des utilisateurs vis à vis de la consommation de ce genre de service. A l'inverse, la durée des appels non temps réel dépend de l'assignation dynamique des ressources réparties parmi tous les appels de ce type.

4.1.3 Description du système

De nombreuses études antérieures partent du principe que les paquets, ou les appels, arrivent dans le système en suivant un processus de Poisson. Ceci, en vue de la simplification du modèle analytique. De plus, ces mêmes études supposent l'indépendance des différents types de connexions engagées dans le standard IEEE802.16e. Or, ces connexions utilisent un nombre fini de codes soumis à la compétition des mobiles. Par conséquent, les différents processus d'arrivée sont alors implicitement dépendants. Cet état de fait est un des points de conclusion du chapitre précédent (voir section 3.4).

Dans ce chapitre, nous développons le modèle d'une seule cellule IEEE802.16e composée de deux secteurs utilisant deux modulations différentes (voir la section 1.2.3 pour plus de détails). Ces appels peuvent être des appels temps réel (RT), correspondant aux trafics de type UGS et rtPS, ou non temps réel (NRT) pour les trafics nrtPS et BE (voir section 1.3.5). L'accès aux ressources de la cellule se fait en accord avec le principe de différenciation de sous-plages de codes accessibles aux trafics temps réel et non temps réel, tel que défini dans le chapitre précédent. Tous les mobiles de la cellule suivent un comportement saturé : ils disposent continuellement d'un service en attente de ressources radio.

La cellule est composée de r secteurs. Nous considérons que les mobiles sont uniformément distribués sur l'ensemble de la cellule. Ainsi, la population de chaque secteur est déterminée en fonction de l'aire de chacun d'eux. Enfin, la modélisation se base sur une chaîne de Markov à temps discret (DTMC), où un temps système correspond à la durée d'une trame MAC.

4.1.4 Algorithme du contrôle d'admission

Nous définissons maintenant l'algorithme de contrôle d'admission (CAC) des requêtes entrantes dans le système à temps discret.

Les trafics temps réel sont caractérisés par un même débit binaire. En conséquence, ces trafics reçoivent un nombre de sous-porteuses (voir section 1.2.1 et figure 1.2) correspondant à l'efficacité de leurs modulations (bit par symbole), et ainsi en fonction de leurs secteurs respectifs. Le système peut alors accepter des communications temps réel jusqu'à débordement des ressources radio disponibles. Aussi, ces appels sont soumis à la possibilité de blocage par le système. De plus, le système a la particularité de recevoir plusieurs requêtes de ressources durant un seul temps système (*batch arrivals*). Dans le cas où le système ne peut pas satisfaire toutes ces demandes à la fois, l'algorithme de contrôle d'admission acceptera un certain nombre d'entre elles en favorisant celles qui demandent le moins de ressources. Par conséquent, ce seront celles issues des secteurs les plus intérieurs à la cellule qui seront satisfaites en priorité. Ce principe a pour principal objectif d'assurer une gestion efficace de la ressource radio. L'acceptation prioritaire des meilleurs modulations permet de maximiser la quantité globale d'information transmise par sous-porteuse. Pour clore avec la gestion de ces trafics, nous rappelons que le temps de séjour de ce type de trafic est indépendant des ressources qu'il consomme, mais qu'il dépend uniquement du comportement de son utilisateur.

A l'inverse, les trafics non temps réel n'ont aucune exigence précise de bande passante. Le contrôle d'admission allouera ici un nombre de sous-porteuses identique à chacun de ces trafics. Les appels non temps réel supportent la variation dynamique de leurs ressources allouées. Aussi, à chaque temps du système, la station de base leur allouera les ressources laissées disponibles par les appels temps réel en cours. Le partage de ces ressources se fait sur la base d'un processus équitable - *Processus Sharing* - (Benameur et al., 2001). Ainsi, le débit final d'un trafic non temps réel dépend à la fois de son secteur (c'est à dire de sa modulation), des ressources laissées libres par les appels temps réel et du nombre total des appels non temps réel dans le système. Notons ici qu'afin d'éviter toute famine de ressources pour les appels non temps réel, nous intégrons dans le CAC un nombre fixe et minimum de porteuses dédiées uniquement aux appels non temps réel. Nous voulons pouvoir ainsi observer le comportement et les performances de cet algorithme en fonction de cette quantité réservée. Par cette précaution, les trafics non temps réel ne pourront jamais être bloqués à l'entrée du système. Rappelons, enfin, que le temps de séjour de ces appels dépend intrinsèquement des ressources consommées : plus le trafic disposera de sous-porteuses, plus vite le service se terminera.

4.2 Modèle théorique

4.2.1 Définition des états du système

Le système gère deux classes de service sur r secteurs. Aussi, nous représentons un état du système en un vecteur $\vec{n}$. Ce vecteur est composé des appels en cours pour les deux classes et pour chacun des r secteurs.

Soit n_i^k le nombre d'appels résidant dans le système pour la classe k, $k = \{RT, NRT\}$, et dans le secteur i, $i = 1, ..., r$. Pour les besoins de l'étude, et pour simplifier les écritures, nous différencions les vecteurs $\vec{n}^{RT}$ et $\vec{n}^{NRT}$ représentant respectivement le nombre des appels RT et NRT du système. Le vecteur $\vec{n}$ est défini de la manière suivante :

$$\vec{n} = (\vec{n}^{RT}, \vec{n}^{NRT}) \tag{4.1}$$

$$\vec{n} = (n_1^{RT}, ..., n_r^{RT}, n_1^{NRT}, ..., n_r^{NRT}) \quad \vec{n} \in \mathbb{N}^{2r} \tag{4.2}$$

Pour la suite, soit L la bande passante totale du système. Comme décrit dans l'algorithme du contrôle d'admission, nous établissons L_{min}^{NRT} la bande passante minimale réservée aux appels

4.2. Modèle théorique

NRT. Naturellement, les appels RT auront un accès prioritaire à la bande passante laissée par cette parties réservée : L^{RT}

$$L^{RT} = L - L_{min}^{NRT} \qquad (4.3)$$

Aux appels RT sont assignées un certain nombre de sous-porteuses par secteur L_i^{RT} pris parmi L^{RT}. Ce nombre de sous-porteuses dépend du débit donné à chaque appel RT dans la cellule et de la modulation utilisée par le mobile engageant ce type d'appel. Dès lors, les appels NRT se partagent la bande passante restante L^{NRT}. Par contre, cette dernière ressource sera partagée entre les appels NRT en suivant le principe défini dans (Benameur et al., 2001). Ce partage est donné aux travers des relations suivantes :

$$L^{NRT}(\overrightarrow{n}^{RT}) = L - \sum_{i=1}^{r} n_i^{RT} L_i^{RT} \qquad (4.4)$$

$$\sum_{i=1}^{r} n_i^{RT} L_i^{RT} \leq L^{RT} \qquad (4.5)$$

$$L_i^{NRT}(\overrightarrow{n}) = \frac{L^{NRT}(\overrightarrow{n}^{RT})}{\sum_{i=1}^{r} n_i^{NRT}} \qquad (4.6)$$

A partir des relations définies dans (Tarhini et Chahed, 2007b), nous calculons le débit physique. Notons que le débit d'un appel temps réel (RT) est fixé par les informations contenues dans la requête de bande passante à l'origine de cet appel. Nous considérons que tous les appels temps réel demandent au système le même débit de transmission. Soit R^{RT} le débit requis par chaque appel temps réel. Soit R_i^{NRT} le débit atteint par les appels non temps réel dans la région i. Ce débit répond aux caractéristiques particulières décrites précédemment.

Afin de procéder au calcul du débit des appels NRT, nous définissons K comme le nombre de fréquences assignées à chaque sous-porteuse de transmission. Soit B le débit symbole (nombre de symboles par seconde) et E_i l'efficacité de modulation (nombre de bits par symbole). $BLER_i$ correspond au taux d'erreur bloc (BLER) d'une région i. De plus, nous définissons L_i^k comme le nombre de sous-porteuses assignées à un appel de classe k dans le secteur i. Le débit R_i^k pour un appel de classe k dans le secteur i est alors donné par la relation suivante :

$$R_i^k(\overrightarrow{n}) = L_i^k(\overrightarrow{n}) \times K \times B \times E_i \times (1 - BLER_i) \qquad (4.7)$$

Par ailleurs, nous pouvons aisément déterminer le nombre de sous-porteuses requises par un appel RT dans le secteur i :

$$L_i^{RT} = \frac{R^{RT}}{K \times B \times E_i \times (1 - BLER_i)} \qquad (4.8)$$

L'espace des états E du système s'obtient en considérant tous les états possibles pour lesquels les appels RT ne dépassent pas la capacité totale du système :

$$E = \{ \vec{n} \in \mathbb{N}^{2r} | \sum_{i=1}^{r} n_i^{RT} L_i^{RT} \leq L^{RT} \} \qquad (4.9)$$

4.2.2 Arrivées et départs du système

Premièrement, nous calculons le processus d'arrivée par engagement des nouveaux appels entrant dans le système.

Sachant que les requêtes de type RT et NRT proviennent de chacun des r secteurs, nous considérons que les n mobiles sont uniformément répartis sur la cellule IEEE802.16e. Aussi, le nombre n_i de mobiles contenu par le secteur i est fonction de son ratio de superficie (voir table 1.2). Soit r_i le rayon du secteur i avec $r_0 = 0$ et R le rayon total de la cellule. La population n_i d'un secteur i est donnée par la relation suivante :

$$n_i = \frac{r_i^2 - r_{i-1}^2}{R} \times n \quad \text{avec} \quad i \in [1, ..., r] \qquad (4.10)$$

Soit $\vec{A}$ et $\vec{B}$, deux vecteurs composés de r variables aléatoires indiquant les nouvelles arrivées dans chacun des r secteurs. $\vec{A}$ pour les trafics RT et $\vec{B}$ pour les trafics NRT. Soit $\vec{Z}$ le vecteur de dimension $2r$ représentant les nouveaux appels arrivant sur tous les secteurs pour les deux types de trafics :

$$\vec{A} = (A_1, ..., A_r), \quad \vec{B} = (B_1, ..., B_r), \quad \text{et} \quad \vec{Z} = (\vec{A}, \vec{B}) \qquad (4.11)$$

nous avons montré que les arrivées pour les appels RT et NRT sont dépendantes. Le nombre maximum d'appels RT (respectivement NRT) est fonction du nombre de codes associés à ce type de trafic : $N_{RT} = N_1 + N_2$ (respectivement $N_{NRT} = N_2$). Remarquons aussi que le nombre total des arrivées ne peut pas excéder le nombre total des codes N. Suivant le principe de partitionnement en vigueur ici : $A = \sum_i A_i, B = \sum_i B_i$ et $A + B \leq N_{RT}$.

Pour la suite de l'étude, nous identifions $P(\vec{Z})$, la probabilité associée au vecteur $\vec{Z}$. Cette probabilité suit la relation suivante :

4.2. Modèle théorique

$$P(A_1 = a_1, ..., B_r = b_r) = \frac{\prod_{i=1}^{r} \binom{n_i}{a_i} \binom{n_i - a_i}{b_i}}{\binom{n}{a}\binom{n-a}{b}} P(A = a, B = b) \quad (4.12)$$

où

$$a = \sum_{i=1}^{r} a_i \quad \text{et} \quad b = \sum_{i=1}^{r} b_i \quad (4.13)$$

Deuxièmement, nous désirons déterminer le processus de départ des appels du système suite à la terminaison de leurs services. Nous calculons ainsi les probabilités de départ des appels de classe k dans un secteur i. Sachant que la durée des appels RT ne dépend pas des ressources consommées. Les appels RT demeurent dans le système durant un temps exponentiellement distribué de moyenne μ^{RT}. Cette moyenne ne varie pas au cours du temps ni en fonction de la charge globale du système.

Par contre, la durée des appels NRT dépend des ressources consommées. Aussi, le service est exponentiellement distribué de moyenne μ_i^{NRT}. Mais notons que cette moyenne change dynamiquement avec la charge du système et le secteur de l'appel considéré. A chaque temps système, le nombre de services en cours évolue, ainsi que les ressources laissées libres par les appels RT. Autre particularité à soulever ici, la moyenne μ_i^{NRT} dépend uniquement des ressources attribuées à chaque appel NRT en début de temps système. Cette moyenne n'est pas sujette aux libérations de ressources faites par les appels se terminant durant tout le temps système observé. En effet, le standard IEEE802.16e renseigne les mobiles de leurs ressources allouées uniquement en début de trame MAC via la DL/UL-MAP (voir section 1.2.1 pour plus de détails). Aussi, les mobiles sont incapables de prendre connaissance des libérations de ressources éventuelles ayant lieu durant l'espace de temps d'une trame MAC avant de recevoir les « map » de la trame suivante. Par conséquent, nous considérons que la bande passante disponible en début de trame MAC ne change pas durant tout l'espace de temps de cette trame.

Ainsi, le temps moyen de sejour d'un appel NRT dans le secteur k est fonction de la taille moyenne des paquets de données $E(Pay)$ et du débit de cet appel R_i^{NRT}. Ce temps étant défini comme suit :

$$\mu_i^{NRT}(\overrightarrow{n}) = \frac{R_i^{NRT}(\overrightarrow{n})}{E(Pay)} \quad (4.14)$$

Dès lors nous pouvons déterminer le nombre moyen de fins de service durant une trame MAC. Soit n_i^k le nombre d'appels dans le système pour la classe k et le secteur i. Soit, T la durée d'une trame MAC. Le nombre moyen de fins de service λ_i^k pour la classe k et dans le secteur i est alors donné par :

Chapitre 4. Contrôle d'admission sur une cellule IEEE802.16e

$$\lambda_i^{RT} = n_i^{RT} \mu^{RT} T \quad \text{et} \quad \lambda_i^{NRT} = n_i^{NRT} \mu_i^{NRT}(\overrightarrow{n}) T \qquad (4.15)$$

Enfin, nous déterminons ici la distribution des fins de service en supposant qu'elles suivent une distribution de Poisson. Soit S_i^k le nombre de services terminés durant un temps système. Leurs distributions suivent l'expression suivante :

$$P(S_i^k = x) = \begin{cases} \dfrac{(\lambda_i^{RT})^x}{x!} e^{-\lambda_i^{RT}}, & \text{si } k = RT \\ \dfrac{(\lambda_i^{NRT})^x}{x!} e^{-\lambda_i^{NRT}}, & \text{si } k = NRT. \end{cases} \qquad (4.16)$$

Finalement, nous pouvons calculer la distribution des fins d'appel intervenant durant une trame MAC. Soit D_i^k le nombre des appels de classe k dans le secteur i, terminant leurs services durant une trame MAC :

$$P(D_i^k = d_i^k) = \frac{P(S_i^k = d_i^k)}{\sum_{j=0}^{n_i^k} P(S_i^k = j)} \qquad (4.17)$$

4.2.3 Transitions d'état du système

A partir de là, nous introduisons le vecteur $\overrightarrow{n}'$ en tant qu'état du système au début de la trame $t+1$. Cet état est le résultat de l'ensemble des arrivées et départs ayant eu lieu durant tout l'espace de temps de la trame t. Notons aussi que l'ensemble des vecteurs $\overrightarrow{n}'$ appartient aussi à l'espace E défini par la relation (4.9) :

$$\overrightarrow{n}' = (n_1'^{RT}, ..., n_r'^{RT}, n_1'^{NRT}, ..., n_r'^{NRT}) \quad \text{with} \quad \overrightarrow{n}' \in E \qquad (4.18)$$

Par conséquent, les probabilités de transitions du système sont obtenues en considérant toutes les transitions possibles entre les états $\overrightarrow{n}$ et $\overrightarrow{n}'$.

Soit $x = (x_1^{RT}, ..., x_r^{RT}, x_1^{NRT}, ..., x_r^{NRT})$ le vecteur représentant l'évolution entre les vecteurs $\overrightarrow{n}$ et $\overrightarrow{n}'$. Il correspond aux résultats de l'ensemble des arrivées et des départs intervenant durant le temps de la trame MAC t. Suivant ces définitions, nous notons les transitions d'état de la manière suivante :

$$P(\overrightarrow{n}, \overrightarrow{n}') = P(\overrightarrow{n}' = \overrightarrow{n} + x) \qquad (4.19)$$

4.2. Modèle théorique

Les calculs de probabilités de transitions demandent donc de considérer les combinaisons des événements possibles pour chaque trafic et secteur. Mais, remarquons que ces évolutions dépendent des ressources disponibles L^{RT}. En effet, le système supporte un nombre limité d'appels temps réel défini à travers la relation (4.9). Du fait des principes directeurs de notre algorithme de contrôle d'admission, le système acceptera prioritairement les appels RT exploitant la modulation la moins gourmande en sous-porteuses. De leur coté, les appels non temps réel sont acceptés sans limite et indépendamment des appels RT dejà acceptés. L'étude nécessite alors d'introduire les cas où l'occupation en ressource des appels RT atteint les limites du système. Ce cas implique le blocage d'un appel entrant alors que toutes les requêtes envoyées durant la trame MAC n'ont pas encore été traitées. Soit i^*, $i^* = 1, \ldots, r$, le premier secteur où au moins une requête est bloquée faute de ressources disponibles à sa satisfaction.

La valeurs de i^* est donnée par la relation suivante :

$$i^* = \min\left(i \mid L^{RT} - \sum_{j=1}^{r}(n_j^{RT} - d_j^{RT})L_j^{RT} - \sum_{j=1}^{i} a_j L_j^{RT} < 0\right) \quad \text{avec} \quad 1 \leq i^* \leq r \quad (4.20)$$

Dès lors, nous définissons les comportements de transition propre à chaque cas :

– Les appels RT définissent un secteur spécifique i^*, $1 \leq i^* \leq r$, où tous les appels arrivant des secteurs $j = 1, \ldots, i^* - 1$ sont acceptés. Les appels arrivant en secteur i^* sont acceptés jusqu'à la limite $x_{i^*}^{RT}$. Enfin, les appels entrant dans les secteurs $j = i^* + 1, \ldots, r$ sont impérativement bloqués.

– Les évènements intervenant durant une trame MAC ne permettent à aucun instant d'atteindre les limites du système. Aussi, toutes les arrivées des nouveaux appels sont acceptées.

Ici, nous introduisons la fonction δ comme la fonction de Dirac définie comme suit :

$$\delta(X) = \begin{cases} 1, & \text{si X est vrai} \\ 0, & \text{sinon.} \end{cases} \quad (4.21)$$

Du moment que i^* existe, nous définissons les fonctions suivantes qui décrivent les événements possibles aboutissant à une surcharge du système. A partir du secteur i^* un appel ou plus est bloqué faute de ressources disponibles.

$$\delta_1^* = \prod_{j=1}^{i^*-1} \delta\left(n_j^{RT} + a_j - d_j^{RT} = n_j'^{RT}\right) \tag{4.22}$$

$$\delta_2^* = \delta\left(-x_{i^*}^{RT} \leq d_{i^*}^{RT} < a_{i^*} - x_{i^*}^{RT}\right) \tag{4.23}$$

$$\delta_3^* = \prod_{j=i^*+1}^{r} \delta\left(d_j^{RT} = x_j^{RT}\right) \tag{4.24}$$

Par conséquent, les probabilités de transition sont obtenues en calculant tous les cas possibles de départ et d'arrivée durant une unique trame MAC au travers de la fonction Ω. Ensuite, nous observons quel scénario parmi ceux définis ci-dessus correspond à la transition recherchée via le système Δ.

Le calcul de transition d'état obéi alors aux relations suivantes :

$$P(\vec{n}, \vec{n'}) = \sum_{\substack{a_1=f_1 \\ \vdots \\ a_r=f_r}}^{g_1,\dots,g_r} \sum_{\substack{b_1=v_1 \\ \vdots \\ b_r=v_r}}^{w_1,\dots,w_r} \sum_{\substack{d_1=0 \\ \vdots \\ d_r=0}}^{n_1^{RT},\dots,n_r^{RT}} \Omega \times \Delta \tag{4.25}$$

avec

$$f_i = \max(0, x_i^{RT}) \tag{4.26}$$

$$g_i = \min(N_{RT}, n_i) \tag{4.27}$$

$$v_i = \max(0, x_i^{NRT}) \tag{4.28}$$

$$w_i = \min(N_{NRT}, n_i) \tag{4.29}$$

$$\Omega = Z \prod_{i=1}^{r} D \tag{4.30}$$

$$\Delta = \begin{cases} \delta_1^* \times \delta_2^* \times \delta_3^*, \text{ si } i^* \in [1,\dots,r]. \\ 1, \text{ sinon} \end{cases} \tag{4.31}$$

$$Z = P(A_1 = a_1, \dots, A_r = a_r, B_1 = b_1, \dots, B_r = b_r) \tag{4.32}$$

$$D = P(D_i^{RT} = d_i^{RT}) \times P(D_i^{NRT} = b_i - x_i^{NRT}) \tag{4.33}$$

En se basant sur toutes ces observations, nous pouvons procéder à la réalisation de la matrice de transition P du système :

$$P = \left(P(\vec{n}, \vec{n'})\right), \text{ pour } (\vec{n}, \vec{n'}) \in E \times E \tag{4.34}$$

Dès lors, nous déterminons le vecteur de distribution stationnaire $\vec{\Pi}$ en résolvant le système d'équations indépendantes linéaires suivant :

$$\vec{\Pi} = \{\pi(\vec{n})|\vec{n} \in E\} \quad \text{avec} \quad \begin{cases} \vec{\Pi}P = \vec{\Pi} \\ \pi(\vec{n}) \geq 0, \vec{n} \in E \\ \sum_{\vec{n} \in E} \pi(\vec{n}) = 1 \end{cases} \quad (4.35)$$

4.3 Mesures de performance

4.3.1 Débit total des trafics non temps réel

Etant donné que le débit des appels temps réel est fixé par les utilisateurs, nous traitons ici celui des appels non temps réel. Dès lors, nous calculons le débit physique atteint en moyenne par un trafic NRT. Pour cela, nous nous basons sur la relation (4.7), ainsi que le débit moyen à l'état stationnaire du système. Aussi, soit R_{NRT}^{tot} le débit des appels non temps réel de l'ensemble de la cellule.

$$E(R_{NRT}^{tot}) = \sum_{\vec{n} \in E} \pi(\vec{n}) \sum_{i=1}^{r} n_i^{NRT} R_i^{NRT} \quad (4.36)$$

4.3.2 Temps moyen de séjour des appels non temps réel

Du moment que les appels non temps réel ne sont pas bloqués par le système, ils se partagent les ressources laissées disponibles par les appels temps réel. Or, le temps de séjour des appels non temps réel dépend directement des ressources du système auxquelles ils auront accès. Nous calculons ici le temps moyen de transfert en divisant le nombre moyen d'appels NRT dans un secteur i : $E(NRT_i)$; avec les arrivées moyennes de requêtes de type NRT dans le secteur i : Λ_i^{NRT}.

Le temps moyen de transfert des appels non temps réel dans le secteur i est donné par la loi de Little (Gelenbe et Pujolle, 1987) :

$$T_i^{NRT} = \frac{E(NRT_i)}{\Lambda_i^{NRT}} = \frac{\sum_{\vec{n} \in E} \pi(\vec{n}) n_i^{NRT}}{\sum_{j=0}^{\min(n_i, N_{NRT})} j P(NRT_i = j)} \quad (4.37)$$

$$P(NRT_i = j) = \sum_{\substack{a_1 = 0 \\ \vdots \\ a_r = 0}}^{c_1, \ldots, c_r} \sum_{\substack{b_1 = 0 \\ \vdots \\ b_r = 0}}^{e_1, \ldots, e_r} P(a_1, \ldots, a_r, b_1, \ldots, b_r) \quad (4.38)$$

Pour $l = 1, \ldots, r$. $c_l = \min(n_l, N_{RT})$ et $e_l = \min(n_l, N_{NRT})$. $b_i = j$ et $e_i = j$.

4.3.3 Probabilité de blocage des trafics temps réel

La probabilité de blocage consiste en la probabilité qu'un appel temps réel soit bloqué en entrée du secteur j faute de ressources disponibles lors du traitement de la requête de bande passante.

Soit P_B^j la probabilité qu'un appel désirant entrer en secteur j soit bloqué. Afin de l'obtenir, nous calculons les différentes évolutions d'état du système aboutissant à ces blocages. En outre, nous établissons la probabilité $p_{i^*}^j$ qu'un appel temps réel arrivant au secteur j soit bloqué par le système, pour un i^* donné.

Aussi, la probabilité de blocage est donnée par la relation suivante :

$$P_B^j = \sum_{\vec{n} \in E} \pi(\vec{n}) \sum_{\substack{a_1=0 \\ \vdots \\ a_r=0}}^{\substack{g_1 \\ \vdots \\ g_r}} \sum_{\substack{b_1=0 \\ \vdots \\ b_r=0}}^{\substack{w_1 \\ \vdots \\ w_r}} \sum_{\substack{d_1=0 \\ \vdots \\ d_r=0}}^{\substack{nRT_1 \\ \vdots \\ n_r^{RT}}} \Omega_B p_{i^*}^j \tag{4.39}$$

$$a_j = 1 \tag{4.40}$$
$$g_i = \min(N_{RT}, n_i) \tag{4.41}$$
$$w_i = \min(N_{NRT}, n_i) \tag{4.42}$$
$$\Omega_B = Z \prod_{i=1}^{r} D \tag{4.43}$$
$$Z = P(A_1 = a_1, \ldots, A_r = a_r, B_1 = b_1, \ldots, B_r = b_r) \tag{4.44}$$
$$D = P(D_i^{RT} = d_i^{RT}) \tag{4.45}$$
$$\tag{4.46}$$

$$p_{i^*}^j = \begin{cases} 0, & \text{si } j < i^*; \\ 1, & \text{si } j > i^*; \\ 1 - \dfrac{\bar{a}_j}{a_j}, & \text{si } j = i^*. \end{cases} \tag{4.47}$$

où pour $i = 1, \ldots, r$:

$$\bar{a}_j = \max\Big(a_i | L^{RT} \ - \ \sum_{l=1}^{r}(n_l^{RT} - d_l^{RT})L_l^{RT} \tag{4.48}$$

$$- \ \sum_{l=1}^{i^*-1} a_l L_l^{RT} - a_i L_i^{RT} > 0\Big) \tag{4.49}$$

$$\tag{4.50}$$

4.4 Résultats et analyses numériques

Nous considérons un cellule IEEE802.16e basée sur le OFDMA. La cellule utilise 1024 sous-porteuses réparties sur deux secteurs. Chaque secteur se caractérise par sa modulation de transmission : 64-QAM 3/4 (E_2=3 bits/symbole) et QPSK 1/2 (E_1=1 bits/symbole). Le taux d'erreur block est fixé à $BLER_i = 10^{-6}$, les ressources totales de la cellule représentent $L = 5$. Les trafics temps réel dans le premier secteur utilisent $L_1^{RT} = 1$, et ceux du secteur extérieur utilisent $L_2^{RT} = 3$. Notons enfin que nous utiliserons ces autres paramètres : $K = 48$, $B = 2666$ symboles/seconde, $E(Pay) = 500000$ bits. Par ailleurs, le débit requis par l'ensemble des trafics temps réel correspond à $R^{RT} = 384$ kbps pour un taux de service $\mu_{RT} = 1/120$. Ces paramètres ont précédemment étaient étudiés et justifiés dans (Tarhini et Chahed, 2007b). Notons enfin que pour notre mécanisme de partitionnement de code : $N_{RT} = 2$. Enfin, le temps slot du système correspond à $T = 1$ms.

Impact de la durée des appels temps réel

Nous visons à analyser l'influence de la durée des appels RT sur les performances du système. La figure 4.1 représente le débit moyen des appels non temps réel en fonction de la bande passante réservée à ce type de connexion. Les résultats correspondent à deux durées d'appel temps réel : $1/\mu_{RT} = 1$ et $1/\mu_{RT} = 100$.

Nous constatons dans cette figure que le débit moyen est le même dans les deux cas. Néanmoins, nous estimons que cette observation n'est valable que dans le cas où le système est constamment saturé en appel temps réel. Dès lors que l'intensité des arrivées d'appel temps réel devient faible, le débit globale des autres appels sera fonction du temps de service des appels RT. En effet, un faible temps de service diminuerait l'occupation moyenne du système en appel temps réel. De ce fait, les ressources partagées par les appels non temps réel augmenteraient. De la même manière, nous formulons ces mêmes observations sur le temps moyen de séjour : figure 4.3, et pour la probabilité de blocage : figure 4.2.

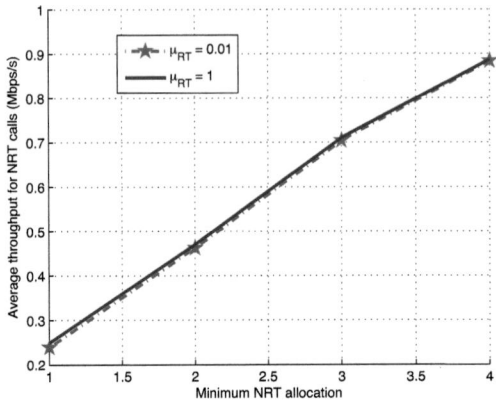

FIGURE 4.1 – *Débit moyen NRT vs. bande passante NRT réservée pour différentes durées des appels RT.*

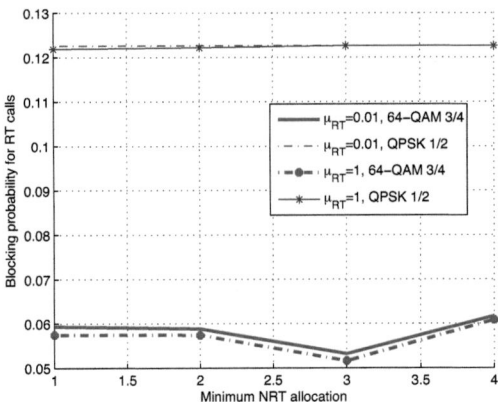

FIGURE 4.2 – *Probabilité de blocage vs. bande passante NRT réservée pour différentes durées des appels RT.*

4.4. Résultats et analyses numériques

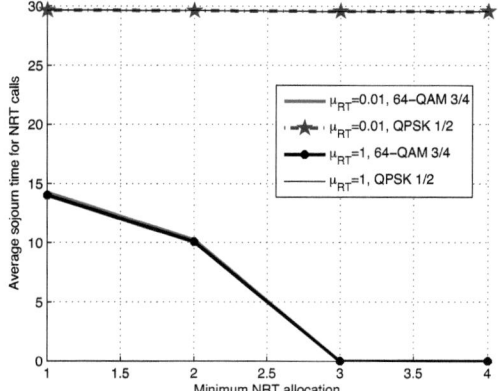

FIGURE 4.3 – *Temps moyen de séjour des appels NRT vs. bande passante NRT réservée pour différentes durées des appels RT.*

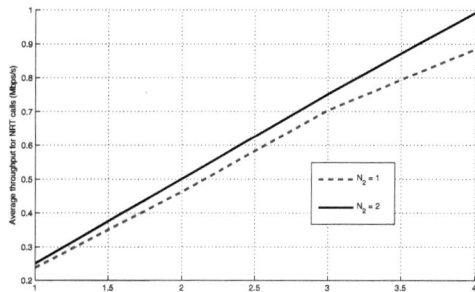

FIGURE 4.4 – *Débit moyen NRT vs. bande passante NRT réservée pour différents profils de partitionnement des codes*

Impact du partitionnement des codes

La figure 4.4 présente le débit moyen des appels non temps réel en fonction de la bande passante qui leur sont alloués, pour différents profils de partitionnement des codes CDMA. Pre-

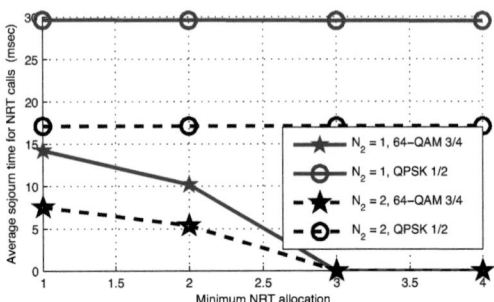

FIGURE 4.5 – *Temps moyen de séjour NRT vs. bande passante NRT réservée pour différents profils de partitionnement des codes*

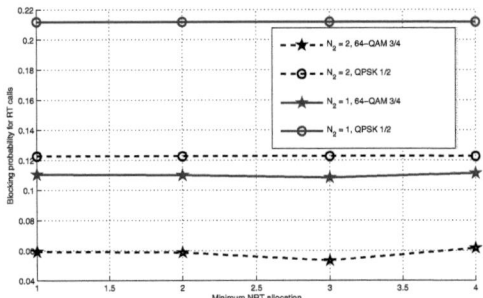

FIGURE 4.6 – *Probabilité de blocage vs. bande passante NRT réservée pour différents profils de partitionnement des codes*

mièrement, nous observons que ce débit augmente linéairement par rapport à l'accroissement de la bande passante minimale allouée (L^2_{min}). Deuxièmement, l'utilisation du partitionnement des codes entraîne par contre une diminution de près de 9% du débit des appels non temps réel. En fait, en diminuant les codes disponibles aux requêtes non temps réel, nous réduisons les collisions sur les codes de requêtes d'appels temps réel, et par conséquent, nous augmentons l'occupation du système par les appels temps réel.

La figure 4.5 montre le temps moyen de transfert de données des appels non temps réel sur les deux secteurs pour différents profils de partitionnement. Comme nous pouvions le prévoir,

4.5. Bilan et perspectives

dès lors que la bande passante minimale dédiée à ce type d'appel augmente, le temps moyen de séjour diminue fortement. De plus, nous observons sur cette figure qu'il est possible d'établir un seuil de réservation de ressource au delà duquel le gain de temps de séjour pourra être considéré comme négligeable. Par ailleurs, nous observons que l'utilisation du partitionnement des codes mène à l'effondrement des performances de temps de séjour. Comme expliqué précédemment, en réduisant le nombre de codes disponibles pour les requêtes non temps réel, nous diminuons le débit moyen de ces appels. Du fait, le temps moyen de séjour augmente largement sur tous les secteurs de la cellule IEEE802.16e.

Finalement, la figure 4.6 représente la probabilité de blocage sur les secteurs de la cellule pour différents profils de partitionnement. En premier lieu, nous observons que la probabilité de blocage pour le secteur intérieur est sensible au partitionnement des codes entre les classes de service. Par contre, nous voyons aussi que la probabilité de blocage du secteur extérieur demeure relativement élevée et augmente doucement à mesure que cette bande passante réservée augmente. Ceci est la conséquence de l'algorithme de contrôle d'admission dans lequel le système accepte en première priorité les appels arrivant dans le secteur intérieur (c'est à dire ceux les moins gourmand en ressources). Cette observation a mené à considérer un contrôle d'admission plus flexible décrit en conclusion de ce chapitre. Enfin, la figure 4.6 montre aussi le fort impact négatif du partitionement des codes CDMA sur la probabilité de blocage. En effet, du moment que les requêtes temps réel disposent de plus de codes dédiés, les collisions sur ces requêtes diminueront et donc un plus grand nombre d'appels temps réel se verront refusés l'accès aux ressources toujours limitées du système.

En se basant sur ces résultats, un fournisseur de service IEEE802.16e est capable de déterminer son propre seuil de bande passante allouée aux trafics non temps réel en fonction de sa politique de qualité de performance. Notons enfin que ce type de résultat est primordial pour le service de transfert de fichier de type nrtPS (voir section 1.3.5).

4.5 Bilan et perspectives

Dans ce chapitre, nous définissons un modèle pour cellule IEEE802.16e. La cellule se compose de différents secteurs de modulation suivant le principe de l'AMC. Les utilisateurs suivent le comportement établi dans le chapitre précédent. De plus, nous y intégrons le principe de partitionnement en plus des mécanismes MAC définis par le standard.

La station de base exploite un nouvel algorithme de contrôle d'admission. Il fournit aux trafics temps réel un débit fixe. Les autres types d'appel se partagent alors les ressources laissées disponibles. Durant cette étude, nous caractérisons les relations liées à la probabilité de blocage des appels temps réel, au débit moyen des appels non temps réel ainsi qu'à leur temps moyen de séjour. Au cours de l'analyse numérique, nous observons le comportement des performances du système dans un contexte de régime saturé, où l'intensité d'arrivée des appels temps réel est forte.

En premier lieu, nous observons l'influence des changements de taux de services des appels temps réel. Sur ce point, nos résultats témoignent que les différentes métriques de performances étudiées ne profitent pas des variations de ce taux de service. Par contre, nous jugeons qu'un gain significatif serait observé du moment que le système ne demeure pas continuellement saturé en appels de type temps réel. L'analyse précise de ce fait nous semble secondaire a vu des objectif premier de cette étude. Aussi, nous avons réservé cette analyse à des travaux futurs.

Ensuite, nous étudions l'impact du principe de partitionnement des codes entre les appels temps réel et non temps réel. Le débit global des appels non temps réel subit une diminution notable dès lors que les appels temps réel disposent d'une plus grande plage de codes pour engager leurs requêtes de ressource. En effet, une telle augmentation de code facilite l'accès aux ressources du système pour les appels temps réel. Ainsi, ceci a pour conséquence direct d'augmenter l'occupation globale du système par ce type d'appels. Cette augmentation générale réduit donc les ressources dont disposent les appels non temps réel. En parallèle à cela, nous observons les gains important obtenus par l'intégration au CAC d'une quantité de ressources réservée aux appels non temps réel. Ainsi, dans la mesure où le principe de partitionnement serait largement défavorable à ces derniers, une légère augmentation de cette quantité réservée permettrait de compenser la perte de débit. En outre, nous observons naturellement ce même comportement vis à vis du temps de séjour des appels non temps réel. De plus, ces derniers résultats révèlent aussi l'existence d'un critère de réservation optimal. En effet, en fonction du nombre d'appels non temps réel en cours et de la taille moyenne des paquets qu'ils transmettent, il est possible de déterminer une quantité optimale de ressources à réserver. Au delà de cette quantité, la diminution du temps de séjour devient alors négligeable, voir nulle. De l'ensemble de ces observations, nous estimons qu'il est envisageable d'établir une logique d'adaptation dynamique de cette bande passante réservée en fonction de l'état du système. En ce qui concerne la probabilité de blocage, là aussi, le principe de partitionnement a un impact majeur. L'augmentation du nombre de codes dédiés pour les appels temps réel facilite leur accès au canal. Dans la mesure où le système subit déjà une lourde charge, ce fait aboutit à une augmentation considérable de la probabilité de collision. Cet fait confirme une des observations faites en conclusion du chapitre précédent (voir section 3.4). En effet, le principe de partitionnement offre la possibilité d'établir un premier CAC décrit comme « virtuel ». Dans un contexte de forte charge, la station de base peut diminuer la plage des codes dédiés aux appels temps réel. Ce fait, bien qu'augmentant le délai d'établissement de ces services, aboutit à une baisse considérable de la probabilité de blocage qu'ils subissent. Aussi, nous encourageons l'étude d'un algorithme de CAC et de partitionnement entièrement dynamique où la répartition des codes et la réservation de ressources sont fonction de l'état du système et des performances de connexion et de transmission qui en découlent.

Enfin, nous soulignons le fait qu'un tel algorithme de contrôle d'admission aboutit à une forte probabilité de blocage des appels dans les secteurs extérieurs. En fait, ce type d'algorithme prend uniquement en considération l'objectif d'efficacité de la gestion de la ressource radio. En effet, en acceptant en première priorité les appels les moins gourmands, nous assurons à la station de base une exploitation optimale des sous-porteuses allouées aux appels entrant dans le système. Ainsi cet algorithme de CAC permet la prise en charge d'un maximum de communications. Néanmoins, il est important d'en extraire une critique majeure. Dans un contexte d'utilisation commerciale, les niveaux de blocages obtenus en périphérie de cellule aboutiront immanquablement à un fort mécontentement des utilisateurs. Ainsi, même si l'opérateur est à même, par cet algorithme, de satisfaire le nombre maximum de clients, il devra faire face à son incapacité à satisfaire les clients en périphérie de son infrastructure.

Afin de répondre à la critique établie ci-dessus, nous identifions une perspective principale d'étude : à l'algorithme étudié ici doit s'adjoindre une répartition des acceptations d'appel sur les différents secteurs de la cellule. Afin de limiter les rejets massifs des appels périphériques, nous voudrions intégrer une probabilité d'acceptation des appels entrant propre à chaque secteur. Aussi nous désirons définir un paramètre α_i, $i \in [1, ..., r]$ définissant la probabilité qu'un appel arrivant en secteur i soit accepté dans le système du moment que ce dernier dispose encore de ressources suffisantes. Ainsi, la station de base n'accepterait dans une première étape qu'une partie des appels dans chacun des secteurs. A la suite de cela, si des ressources demeurent libres et des appels en attente, le système reprend alors une acceptation progressive des appels sur les secteurs. Ce principe par étape s'opérerait alors jusqu'à surcharge du système ou satisfaction de tous les appels entrants. Dès lors, une telle étude viserait à définir ces probabilités d'acceptation capables d'assurer un blocage acceptable et équitable pour l'ensemble des secteurs de la cellule. Par contre, il faut prendre en considération qu'une telle option ne permet plus d'assurer la gestion la plus optimale possible de la ressource radio.

Chapitre 5

Gestion de la mobilité intra-cellulaire

Contents

5.1	Formulation du problème	104
	5.1.1 Objectifs	104
	5.1.2 Environnement	104
	5.1.3 Description du système	105
	5.1.4 Algorithme du contrôle d'admission	105
5.2	Modèle théorique	107
	5.2.1 Définition des états du système	107
	5.2.2 Arrivées et départs du système	108
	5.2.3 Transitions d'état du système	111
5.3	Mesures de performance	115
	5.3.1 Débit total des trafics non temps réel	115
	5.3.2 Temps moyen de séjour des appels non temps réel	116
	5.3.3 Probabilité de perte des appels temps réel	116
	5.3.4 Probabilité de blocage des trafics temps réel	118
5.4	Résultats et analyses numériques	119
5.5	Bilan et perspectives	123

Ce chapitre se base en grande partie sur les éléments décrits dans le chapitre précédent. Aussi, de nombreuses définitions ou explications sont reprises. Néanmoins, dans un souci de lisibilité et afin de pouvoir consulter chacun des chapitres indépendamment, nous réintégrons ces éléments dans ce dernier chapitre.

Chapitre 5. Gestion de la mobilité intra-cellulaire

5.1 Formulation du problème

5.1.1 Objectifs

Le chapitre précédent définit une architecture monocellulaire. Nous y avons identifié et modélisé les performances d'un algorithme de contrôle des admissions évitant la famines de ressources pour les appels non temps réel. En outre, nous y avons conservé le principe de partitionnement logique des codes CDMA entre les deux principaux types de trafic. Les arrivées considérées dans ce chapitre suivent le processus général défini au chapitre 3. La continuité de cette étude vise à étendre encore notre champ exploratoire en intégrant la mobilité des utilisateurs. Cet intégration nouvelle introduit le besoin d'adjoindre à notre algorithme de CAC des éléments lui permettant de gérer au mieux cette nouvelle donnée. Nous désirons donc maintenant étudier la capacité d'une cellule IEEE802.16e assurant une pérennité de service à des utilisateurs mobiles. L'objectif est alors de modéliser et d'étudier le comportement d'un tel système en fonctionnement. Un autre objectif est de proposer une autre aptitude liées au contrôle d'admission. Ce nouvel algorithme devra limiter la perte des appels lorsque les utilisateurs se déplacent d'un secteur à un autre (voir la section 1.2.3 pour plus de détails).

5.1.2 Environnement

Aussi, nous développons dans ce chapitre un modèle de capacité pour une cellule IEEE802.16e. Ce modèle intègre le mécanismes de différenciation de trafic du chapitre précédent. En se basant sur le processus général des arrivées de requêtes, nous proposons ici un nouvel algorithme d'allocation de ressources pour les trafics temps réel basé sur la position de l'utilisateur (SNR) dans la cellule.

Dans ce système, toutes les connexions temps réel disposent du même débit et les durées de ces appels sont indépendantes de la quantité de ressources consommées. En effet, l'expérience et la logique prouve que le temps de séjour d'un appel temps réel dans un tel système est uniquement lié aux habitudes comportementales des utilisateurs vis à vis de la consommation de ce genre de service. A l'inverse, la durée des appels non temps réel dépendent de l'assignation dynamique des ressources réparties parmi tous les appels de ce type.

En ce qui concerne la mobilité des utilisateurs, et donc de leurs appels, ils peuvent désormais changer de secteur de modulation au cours du temps (voir section 1.2.3). Le comportement de migration ne dépend pas de la classe de trafic. Les appels sont libres de migrer uniquement vers les secteurs adjacents et à raison d'un maximum de une migration par appel et par temps du système.

5.1.3 Description du système

De nombreuses études antérieures partent du principe que les paquets, ou les appels, arrivent dans le système en suivant un processus de Poisson. Ceci, en vue de la simplification du modèle analytique. De plus, ces mêmes études supposent l'indépendance des différents types de connexions engagées dans le standard IEEE802.16e. Or, ces connexions utilisent un nombre fini de codes soumis à la compétition des mobiles. Par conséquent, les différents processus d'arrivée sont alors implicitement dépendants. Cet état de fait est un des points de conclusion du chapitre précédent (voir section 3.4).

Dans ce chapitre, nous développons le modèle d'une seule cellule IEEE802.16e composée de deux secteurs utilisant deux modulations différentes (voir la section 1.2.3 pour plus de détails). Ces appels peuvent être des appels temps réel (RT), correspondant aux trafics de type UGS et rtPS, ou non temps réel (NRT) pour les trafics nrtPS et BE (voir section 1.3.5). L'accès aux ressources de la cellule se fait en accord avec le principe de différenciation des plages de codes accessibles aux trafics temps réel et non temps réel, tel que défini dans le chapitre précédent. Tous les mobiles de la cellule suivent un comportement saturé : ils disposent continuellement d'un service en attente de ressources radio.

La cellule est composée de r secteurs. Nous considérons que les mobiles sont uniformément distribués sur l'ensemble de la cellule. Ainsi, la population de chaque secteur est déterminée en fonction de l'aire de chacun d'eux. Enfin, la modélisation se base sur une chaîne de Markov à temps discret (DTMC), où un temps système correspond à la durée d'une trame MAC.

5.1.4 Algorithme du contrôle d'admission

Nous définissons maintenant l'algorithme de contrôle d'admission (CAC) des requêtes entrantes dans le système à temps discret.

Les trafics temps réel sont caractérisés par un même débit binaire. En conséquence, ces trafics reçoivent un nombre de sous-porteuses (voir section 1.2.1 et figure 1.2) correspondant à l'efficacité de leurs modulations (bit par symbole), et ainsi en fonction de leurs secteurs respectifs. Le système peut alors accepter des communications temps réel jusqu'à débordement des ressources radio disponibles. Aussi, ces appels sont soumis à la possibilité de blocage par le système. De plus, le système a la particularité de recevoir plusieurs requêtes de ressources durant un seul temps système. Dans le cas où le système ne peut pas satisfaire toutes ces demandes à la fois, l'algorithme de contrôle d'admission acceptera un certain nombre d'entre elles en favorisant celles qui demandent le moins de ressources. Par conséquent, ce seront celles issues des secteurs les plus intérieurs à la cellule qui seront satisfaites en priorité. Ce principe a pour principal objectif d'assurer une gestion efficace de la ressource radio. L'acceptation prioritaire des meilleures modulations permet de maximiser la quantité globale d'information transmise par sous-porteuse. Pour clore avec la gestion de ces trafics, nous rappelons que le temps de séjour de ce type de trafic est indépendant des ressources qu'il consomme, mais qu'il dépend uniquement du comportement de son utilisateur.

A l'inverse, les trafics non temps réel n'ont aucune exigence précise de bande passante. Le contrôle d'admission allouera ici un nombre de sous-porteuses identiques à chacun de ces trafics. Les appels non temps réel supportent la variation dynamique de leurs ressources allouées. Aussi, à chaque temps du système, la station de base leur allouera les ressources laissées disponibles par les appels temps réel en cours. Le partage de ces ressources se fait sur la base d'un processus égalitaire de (*Processor Sharing*) (Benameur et al., 2001). Ainsi, le débit final d'un trafic non temps réel dépend à la fois de son secteur (c'est à dire de sa modulation), des ressources laissées libres par les appels temps réel et du nombre total des appels non temps réel dans le système. Notons ici qu'afin d'éviter toute famine de ressources pour les appels non temps réel, nous intégrons dans le CAC un nombre fixe et minimum de porteuses dédiées uniquement aux appels non temps réel. Nous voulons pouvoir ainsi observer le comportement et les performances de cet algorithme en fonction de cette quantité réservée. Par cette précaution, les trafics non temps réel ne pourront jamais être bloqués à l'entrée du système. Rappelons, enfin, que le temps de séjour de ces appels dépend intrinsèquement des ressources consommées : plus le trafic disposera de sous-porteuse, plus vite le service se terminera.

Par ailleurs, notre algorithme de contrôle d'admission vise à réduire les probabilités qu'un appel temps réel soit perdu d'un secteur à un autre faute de ressources encore libres : si un utilisateur appelant migre d'un secteur vers un autre plus en bordure de cellule, l'appel demandera un supplément de sous-porteuses afin de compenser la perte d'efficacité de modulation induite par le changement de secteur. Dans la mesure où les ressources encore disponibles dans le système sont insuffisantes, l'appel sera perdu et l'utilisateur extrêmement mécontent. Afin d'éviter ces pertes, le CAC proposé ici introduit une autre réserve de bande passante. Cette réserve vise à satisfaire le besoin de supplément de bande passante des appels migrant en bordure de cellule. Quand plusieurs migrations de ce type interviennent durant un même temps système, le CAC acceptera en priorité les migrations demandant le plus faible supplément de ressources, c'est à dire celles intervenant dans les secteurs les plus intérieurs de la cellule. En conséquence, du moment qu'un appel est perdu dans un secteur après migration, toutes les migrations dans les dans un autre secteur, extérieurs à celui-ci seront aussi perdues.

5.2 Modèle théorique

5.2.1 Définition des états du système

Le système gère deux classes de service sur r secteurs. Aussi, nous représentons un état du système en un vecteur $\vec{n}$. Ce vecteur est composé des appels en cours dans le système pour les deux classes pour chacune des r secteurs.

Soit n_i^k le nombre d'appels résidant dans le système pour la classe k, $k = \{RT, NRT\}$ et dans le secteur i, $i = 1, ..., r$. Pour les besoin de l'étude, et pour simplifier les écritures, nous différencions les vecteurs $\vec{n}^{RT}$ et $\vec{n}^{NRT}$ représentant respectivement le nombre des appels RT et NRT du système. Le vecteur $\vec{n}$ est défini de la manière suivante :

$$\vec{n} = (\vec{n}^{RT}, \vec{n}^{NRT}) \tag{5.1}$$

$$\vec{n} = (n_1^{RT}, ..., n_r^{RT}, n_1^{NRT}, ..., n_r^{NRT}) \quad \vec{n} \in \mathbb{N}^{2r} \tag{5.2}$$

Pour la suite, soit L la bande passante totale du système. Comme décrit dans l'algorithme du contrôle d'admission, nous établissons L_{min}^{NRT} la bande passante minimale réservée aux appels NRT. Soit L_{mob} une autre partie de bande passante réservée à la gestion de la mobilité des utilisateurs. Naturellement, les appels RT auront un accès prioritaire à la bande passante laissée après ces deux parties réservées : L^{RT}

$$L^{RT} = L - L_{min}^{NRT} - L_{mob} \tag{5.3}$$

Aux appels RT sont assignées un certain nombre de sous-porteuses par secteur L_i^{RT} pris parmi L^{RT}. Ce nombre de sous-porteuses dépend du débit donné à chaque appel RT dans la cellule et de la modulation utilisée par le mobile engageant ce type d'appel. Dès lors, les appels NRT se partagent la bande passante restante L^{NRT}. Par contre, cette dernière ressource sera partagée entre les appels NRT en suivant le principe défini dans (Benameur et al., 2001). Ce partage est défini aux travers des relations suivantes :

$$L^{NRT}(\vec{n}^{RT}) = L - \sum_{i=1}^{r} n_i^{RT} L_i^{RT} \tag{5.4}$$

$$\sum_{i=1}^{r} n_i^{RT} L_i^{RT} \leq L^{RT} \tag{5.5}$$

$$L_i^{NRT}(\vec{n}) = \frac{L^{NRT}(\vec{n}^{RT})}{\sum_{i=1}^{r} n_i^{NRT}} \tag{5.6}$$

Nous précisons que la variable $L_i^{NRT}(\vec{n})$ accepte de prendre des valeurs non entières. En effet, l'allocation des ressources peut se faire suivant un multiplexage temporel. Cette particularité autorise donc qu'un appel non temps réel reçoive un nombre décimales de sous-porteuses une fois rapporté à la proportion d'un seul *slot* système.

A partir des relations définies dans (Tarhini et Chahed, 2007b), nous calculons le débit physique. Notons que le débit d'un appel temps réel (RT) est fixé par les informations contenues dans la requête de bande passante à l'origine de cet appel. Nous supposerons que tous les appels temps réel demandent au système le même débit de transmission. Soit R^{RT} le débit requis par chaque appel temps réel. Soit R_i^{NRT} le débit atteint par les appels non temps réel dans la région i. Ce débit répond aux caractéristiques particulières décrites précédemment.

Afin de procéder au calcul du débit des appels NRT, nous définissons K comme le nombre de fréquences assignées à chaque sous-porteuse de transmission de données temps réel. Soit B le débit symbole (nombre de symboles par seconde) et E_i l'efficacité de modulation (en nombre de bits par symbole). $BLER_i$ correspond au taux d'erreur bloc (BLER) d'une région i. De plus, nous définissons L_i^k comme le nombre de porteuses assignées à un appel de classe k dans le secteur i. Le débit R_i^k pour un appel de classe k dans le secteur i est alors donné par la relation suivante :

$$R_i^k(\vec{n}) = L_i^k(\vec{n}) \times K \times B \times E_i \times (1 - BLER_i) \tag{5.7}$$

Par ailleurs, nous pouvons aisément déterminer le nombre de sous-porteuses requises par un appel RT dans le secteur i :

$$L_i^{RT} = \frac{R^{RT}}{K \times B \times E_i \times (1 - BLER_i)} \tag{5.8}$$

L'espace des états E du système s'obtient en considérant tous les états possibles pour lesquels les appels RT ne dépassent pas la capacité totale du système :

$$E = \{ \vec{n} \in \mathbb{N}^{2r} | \sum_{i=1}^{r} n_i^{RT} L_i^{RT} \leq L^{RT} \} \tag{5.9}$$

5.2.2 Arrivées et départs du système

Nous caractérisons ici les arrivées et départs d'appel qui interviennent dans le système. Les arrivées peuvent être la conséquence d'une migration provenant des secteurs voisins ainsi que l'acceptation dans le système d'une nouvelle requête initialisant un nouvel appel. De la même manière, un départ d'appel peut être le résultat d'une migration vers un secteur voisin ou alors de la fin d'un appel.

5.2. Modèle théorique

Premièrement, nous calculons le processus d'arrivée par engagement des nouveaux appels entrant dans le système.

Sachant que les requêtes de type RT et NRT proviennent de chacun des r secteurs, nous considérons que les n mobiles sont uniformément répartis sur la cellule IEEE802.16e. Aussi, le nombre n_i de mobiles contenu par le secteur i est fonction de son ratio de superficie (voir table 1.2). Soit r_i le rayon du secteur i avec $r_0 = 0$ et R le rayon total de la cellule. La population n_i d'un secteur i est donnée par la relation suivante :

$$n_i = \frac{r_i^2 - r_{i-1}^2}{R^2} \times n \quad \text{avec} \quad i \in [1, ..., r] \tag{5.10}$$

Soit $\vec{A}$ et $\vec{B}$, deux vecteurs composés de r variables aléatoires à valeurs entières indiquant les nouvelles arrivées dans chacun des r secteurs. $\vec{A}$ pour les trafics RT et $\vec{B}$ pour les trafics NRT. Soit $\vec{Z}$ le vecteur de dimension $2r$ représentant les nouveaux appels arrivant sur tous les secteurs pour les deux types de trafics :

$$\vec{A} = (A_1, ..., A_r), \quad \vec{B} = (B_1, ..., B_r), \quad \text{et} \quad \vec{Z} = (\vec{A}, \vec{B}) \tag{5.11}$$

Nous consiédrons que les arrivées pour les appels RT et NRT sont dépendantes. Le nombre maximum d'appels RT (respectivement NRT) est fonction du nombre de codes associés à ce type de trafic : $N_{RT} = N_1 + N_2$ (respectivement $N_{NRT} = N_2$). Remarquons aussi que le nombre total des arrivées ne peut pas excéder le nombre total des codes N. Suivant le principe de partitionnement en vigueur ici : $A = \sum_i A_i$, $B = \sum_i B_i$ et $A + B \leq N_{RT}$.

Pour la suite de l'étude, nous identifions $P(\vec{Z})$, la probabilité associée au vecteur $\vec{Z}$. Cette probabilité suit la relation suivante :

$$P(A_1 = a_1, ..., B_r = b_r) = \frac{\prod_{i=1}^{r} \begin{pmatrix} n_i \\ a_i \end{pmatrix} \begin{pmatrix} n_i - a_i \\ b_i \end{pmatrix}}{\begin{pmatrix} n \\ a \end{pmatrix} \begin{pmatrix} n - a \\ b \end{pmatrix}} P(A = a, B = b) \tag{5.12}$$

où

$$a = \sum_{i=1}^{r} a_i \quad \text{et} \quad b = \sum_{i=1}^{r} b_i \tag{5.13}$$

Notons que la probabilité $P(A = a, B = b)$ correspond à la distribution jointe donnée par notre simulateur comportemental. Cette distribution peut d'ailleurs être approximé par la méthode décrite dans la section 3.3.4.

Chapitre 5. Gestion de la mobilité intra-cellulaire

Deuxièmement, nous calculons les distributions relatives aux processus de migration des appels. Soit $p_{i,j}$ la probabilité qu'un appel dans le secteur i migre vers le secteur j. Afin de calculer cette probabilité pour chaque classe de trafic dans chaque secteur, nous définissons préalablement $m_{i,j}^k$ comme la variable aléatoire du nombre d'appels de classe k dans le secteur i migrant vers la région j. $m_{i,j}^k \in [0, n_i^k]$. Notons qu'ici, nous devons uniquement prendre en compte les appels toujours en cours à la fin du temps système en omettant ceux qui auront terminés leurs services durant cet espace de temps. Aussi, la distribution des migrations intervenant dans la cellule se base en partie sur la connaissance de la répartition des appels finissant leurs services durant l'espace de temps concerné. En se basant sur ces observations, la probabilité de migration est définie de la manière suivante :

$$P(m_{i,j}^k = x | D^c = y) = \binom{n_i^k - y}{x} (p_{i,j})^x (1 - p_{i,j})^{n_i^k - x - y} \qquad (5.14)$$

Enfin, nous désirons déterminer le processus de départ des appels du système suite à la terminaison de leurs services. Nous calculons ainsi les probabilités de départ des appels de classe k dans un secteur i. Sachant que la durée des appels RT ne dépend pas des ressources consommées. Les appels RT demeurent dans le système durant un temps exponentiellement distribué de moyenne μ^{RT}. Cette moyenne ne varie pas au cours du temps ni en fonction de la charge globale du système.

Par contre, la durée des appels NRT dépend des ressources consommées. Aussi, le service est exponentiellement distribué de moyenne μ_i^{NRT}. Mais notons que cette moyenne change dynamiquement avec la charge du système et le secteur de l'appel considéré. A chaque temps système, le nombre de services en cours évolue, ainsi que les ressources laissées libres par les appels RT. Autre particularité à soulever ici, la moyenne μ_i^{NRT} dépend uniquement des ressources attribuées à chaque appel NRT en début de temps système. Cette moyenne n'est pas sujette aux libérations de ressources faites par les appels se terminant durant tout le temps système observé. En effet, le standard IEEE802.16e renseigne les mobiles de leurs ressources allouées uniquement en début de trame MAC via la DL/UL-MAP (voir section 1.2.1 pour plus de détails). Aussi, les mobiles sont incapables de prendre connaissance des libérations de ressources éventuelles ayant lieu durant l'espace de temps d'une trame MAC avant de recevoir les « map » de la trame suivante. Par conséquent, nous considérons que la bande passante disponible en début de trame MAC ne change pas durant tout l'espace de temps de cette trame.

Ainsi, le temps moyen de séjour d'un appel NRT dans le secteur k est fonction de la taille moyenne de l'entité de données à transmettre $E(Pay)$ et du débit de cet appel R_i^{NRT}. Ce temps étant défini comme suit :

$$\mu_i^{NRT}(\vec{n}) = \frac{R_i^{NRT}(\vec{n})}{E(Pay)} \qquad (5.15)$$

Dès lors nous pouvons déterminer le nombre moyen de fins de service durant une trame MAC. Soit n_i^k le nombre d'appels dans le système pour la classe k et le secteur i. Soit, T la durée d'une trame MAC. Le nombre moyen de fins de service λ_i^k pour la classe k et dans le secteur i est alors donné par :

$$\lambda_i^{RT} = n_i^{RT} \mu^{RT} T \quad \text{et} \quad \lambda_i^{NRT} = n_i^{NRT} \mu_i^{NRT}(\vec{n}) T \tag{5.16}$$

Enfin, nous déterminons ici la distribution des fins de service en supposant qu'elles suivent une distribution de Poisson. Soit S_i^k le nombre de services terminés durant un temps système. Leurs distributions suivent l'expression suivante :

$$P(S_i^k = x | \vec{n}) = \begin{cases} \dfrac{(\lambda_i^{RT})^x}{x!} e^{-\lambda_i^{RT}}, & \text{si } k = RT \\ \dfrac{(\lambda_i^{NRT})^x}{x!} e^{-\lambda_i^{NRT}}, & \text{si } k = NRT. \end{cases} \tag{5.17}$$

Finalement, nous pouvons calculer la distribution des fins d'appel intervenant durant une trame MAC. Soit D_i^k le nombre des appels de classe k dans le secteur i, terminant leurs services durant une trame MAC :

$$P(D_i^k = d_i^k) = \frac{P(S_i^k = d_i^k)}{\sum_{j=0}^{n_i^k} P(S_i^k = j)} \tag{5.18}$$

5.2.3 Transitions d'état du système

A partir de là, nous introduisons le vecteur $\vec{n}'$ en tant qu'état du système au début de la trame $t+1$. Cet état est le résultat de l'ensemble des arrivées et départs ayant eu lieu durant tout l'espace de temps de la trame t. Notons aussi que l'ensemble des vecteurs $\vec{n}'$ appartiennent aussi à l'espace E défini par la relation (5.9) :

$$\vec{n}' = (n_1'^{RT}, ..., n_r'^{RT}, n_1'^{NRT}, ..., n_r'^{NRT}) \quad \text{avec} \quad \vec{n}' \in E \tag{5.19}$$

Par conséquent, les probabilités de transitions du système sont obtenues en considérant toutes les transitions possibles entre les états $\vec{n}$ et $\vec{n}'$.

Soit $x = (x_1^{RT}, ..., x_r^{RT}, x_1^{NRT}, ..., x_r^{NRT})$ le vecteur représentant l'évolution entre les vecteurs $\vec{n}$ et $\vec{n}'$. Il correspond aux résultats de l'ensemble des arrivées et des départs intervenant durant le temps de la trame MAC t. Suivant ces définitions, nous notons les transitions d'état de la manière suivante :

$$P(\vec{n}, \vec{n}') = P(\vec{n}' = \vec{n} + x) \qquad (5.20)$$

Les calculs de probabilités de transitions demandent donc de considérer les transitions possibles pour chaque trafic et secteur. Mais, remarquons que ces évolutions dépendent des ressources disponibles L^{RT}. En effet, le système supporte un nombre limité d'appels temps réel défini à travers la relation (5.9). Du fait des principes directeurs de notre algorithme de contrôle d'admission, le système acceptera prioritairement les appels RT exploitant la modulation la moins gourmande en sous-porteuses. De leur coté, les appels non temps réel sont acceptés sans limites et indépendamment des appels RT déjà acceptés. Nous précisons que notre approche discrète des événements considère tout d'abord les départs d'appel, puis les migrations et enfin les nouveaux appels entrant dans le système. L'étude nécessite alors d'introduire les cas où l'occupation en ressource des appels RT atteint les limites du système. Dans ces cas là, nous définissons l'existence de deux éléments i^* et $i^\sharp$. Le premier élément existe dès lors qu'un appel entrant est bloqué alors que toutes les requêtes envoyées durant la trame MAC n'ont pas encore été traitées. Ainsi, soit i^*, $i^* = 1, \ldots, r$, le premier secteur où au moins une requête est bloquée faute de ressources disponibles à sa satisfaction. Le second élément existe lorsqu'une perte d'un appel migrant survient au sein de la cellule. Aussi, soit $i^\sharp$, $i^\sharp = 1, \ldots, r$, le premier secteur où au moins une migration entrante a été bloquée, là aussi faute de ressources disponibles.

Dès lors, nous définissons les comportements de transition propre à chaque cas :

– les transitions du sytème définissent l'existence d'un secteur spécifique $i^\sharp$, $1 \leq i^\sharp \leq r$, au delà duquel aucune nouvelle migration vers une région extérieure ne pourra être acceptée. Les appels migrant depuis le secteur $i^\sharp$ vers le secteur $i^\sharp + 1$ sont tous perdus. Ceux migrant du secteur $i^\sharp - 1$ vers $i^\sharp$ sont acceptés jusqu'à la limite $x_{i^\sharp}^{RT}$. Enfin, toutes les migrations arrivant aux secteurs $j = 1, ..., i^\sharp - 1$ sont naturellement acceptées.

– les transitions du sytème définissent l'existence d'un secteur spécifique i^*, $1 \leq i^* \leq r$, où tous les appels arrivant des secteurs $j = 1, ..., i^* - 1$ sont acceptés. Les appels arrivant en secteur i^* sont acceptés jusqu'à la limite $x_{i^*}^{RT}$. Enfin, les appels entrant dans les secteurs $j = i^* + 1, ..., r$ sont logiquement bloqués.

– Les événements intervenant durant une trame MAC ne permettent à aucun instant d'atteindre les limites du système. Aussi, toutes les migrations ainsi que toutes les arrivées des nouveaux appels sont acceptées et aucun élément i^* ou $i^\sharp$ n'existent.

Les valeurs de i^* et $i^\sharp$ sont données par les relations suivantes :

5.2. Modèle théorique

$$i^* = \min\left(i \mid L^{RT} - \sum_{j=1}^{r} L_j^{RT}(n_j^{RT} - d_j^{RT})\right. \tag{5.21}$$

$$+ \sum_{j=2}^{r} m_{j,j-1}(L_j - L_{j-1}) \tag{5.22}$$

$$- \sum_{j=1}^{r-1} m_{j,j+1}(L_{j+1} - L_j) \tag{5.23}$$

$$\left. - \sum_{j=1}^{i} a_j L_j^{RT} < 0\right) \tag{5.24}$$

$$i^\# = \min\left(i \mid L - L_{min}^{NRT} - \sum_{j=1}^{r} L_j^{RT}(n_j^{RT} - d_j^{RT})\right. \tag{5.25}$$

$$+ \sum_{j=2}^{r} m_{j,j-1}(L_j - L_{j-1}) \tag{5.26}$$

$$\left. - \sum_{j=1}^{i} m_{j,j+1}(L_{j+1} - L_j) < 0\right) \tag{5.27}$$

avec $1 \leq i^* \leq r$ et $1 \leq i^\# \leq r$

Ici, nous introduisons la fonction δ comme la fonction indicatrice définie comme suit :

$$\delta(X) = \begin{cases} 1, & \text{si X est vrai} \\ 0, & \text{sinon .} \end{cases} \tag{5.28}$$

Du moment que i^* existe, nous définissons les fonctions suivantes qui décrivent les événements possibles aboutissant à une surcharge du système. A partir du secteur i^* un appel ou plus est bloqué faute de ressources disponibles.

Afin de faciliter la lisibilité des fonctions de Dirac à venir, nous définissons une relation intermédiaire y_j^k représentant la variation du système pour la classe k dans le secteur j où les variations dues aux migrations n'ont pas étaient prises en compte :

$$y_j^k = x_j^k - m_{j-1,j}^k - m_{j+1,j}^k + m_{j,j-1}^k + m_{j,j+1}^k \tag{5.29}$$

$$\delta_1^* = \prod_{j=1}^{i^*-1} \delta(y_j^{RT} = a_j^{RT} - d_j^{RT}) \tag{5.30}$$

$$\delta_2^* = \delta\big(-x_{i^*}^{RT} - m_{i^*,i^*-1}^{RT} - m_{i^*,i^*+1}^{RT} \leq d_{i^*}^{RT} < a_{i^*}^{RT} - y_{i^*}^{RT}\big) \tag{5.31}$$

$$\delta_3^* = \prod_{j=i^*+1}^{r} \delta(2x_j^{RT} - y_j^{RT} = d_j^{RT}) \tag{5.32}$$

Du moment que $i^\sharp$ existe, nous définissons les fonctions suivantes qui aboutissent là aussi à une surcharge du système. A partir du secteur $i^\sharp$, une migration ou plus venant du secteur inférieur est perdue.

$$\delta_1^\sharp = \prod_{j=1}^{i^\sharp-1} \delta(y_j^{RT} = d_j^{RT}) \tag{5.33}$$

$$\delta_2^\sharp = \delta\big(-x_{i^\sharp}^{RT} - m_{i^\sharp,i^\sharp-1}^{RT} - m_{i^\sharp,i^\sharp+1}^{RT} \leq d_{i^\sharp}^{RT} < -y_{i^\sharp}^{RT}\big) \tag{5.34}$$

$$\delta_3^\sharp = \prod_{j=i^\sharp+1}^{r} \delta\big(x_j^{RT} = d_j^{RT} + m_{j,j+1}^{RT} + m_{j,j-1}^{RT} - m_{j+1,j}^{RT}\big) \tag{5.35}$$

Enfin, notons que si i^* et $i^\sharp$ existent en même temps, le calcul de transition requiert seulement l'utilisation des fonctions $\delta^\sharp$. En effet, du moment que $i^\sharp$ existe, aucun nouvel appel RT n'est accepté par le système. Ce choix découle de l'observation qu'il est beaucoup plus pénalisable de perdre un utilisateur déjà consommateur de service par rapport à bloquer un autre demandeur d'un engagement de service.

Par conséquent, les probabilités de migration sont obtenues en calculant tous les cas possibles de départ, d'arrivée et de migration durant une unique trame MAC au travers de la fonction Ω. Ensuite, nous observons quel scénario parmi ceux définis ci-dessus correspond à la transition recherchée via le système Δ.

Le calcul de transition d'état obéi alors aux relations suivantes :

$$P(\vec{n},\vec{n}') = \sum_{\substack{a_1=0 \\ \vdots \\ a_r=0}}^{g_1} \sum_{\substack{b_1=0 \\ \vdots \\ b_r=0}}^{w_1} \sum_{\substack{d_1=0 \\ \vdots \\ d_r=0}}^{n_1^{RT}} \sum_{\substack{y_1^-=0 \\ \vdots \\ y_r^-=0}}^{n_1^{RT}} \sum_{\substack{y_1^+=0 \\ \vdots \\ y_r^+=0}}^{n_1^{RT}} \sum_{\substack{z_1^-=0 \\ \vdots \\ z_r^-=0}}^{n_1^{NRT}} \sum_{\substack{z_1^+=0 \\ \vdots \\ z_r^+=0}}^{n_1^{NRT}} \Omega \times \Delta \tag{5.36}$$

avec

$$f_i = \max(0, d_i^{RT} + x_i^{RT} - n_{i-1}^{RT} - n_{i+1}^{RT})$$
$$g_i = \min(N_{RT}, n_i)$$
$$v_i = \max(0, d_i^{NRT} + x_i^{NRT} - n_{i-1}^{NRT} - n_{i+1}^{NRT})$$
$$w_i = \min(N_{NRT}, n_i)$$
$$\Omega = Z \prod_{i=1}^{r} (D.M^{RT}.M^{NRT})$$
$$\Delta = \begin{cases} \delta_1^\# \times \delta_2^\# \times \delta_3^\#, \text{ si } i^\# \in [1,...,r]. \\ \delta_1^* \times \delta_2^* \times \delta_3^*, \text{ si } i^* \in [1,...,r]. \\ 1, \text{sinon} \end{cases}$$
$$Z = P(A_1 = a_1, ..., A_r = a_r, B_1 = b_1, ..., B_r = b_r)$$
$$D = P(D_i^{RT} = d_i^{RT}) \times$$
$$P(D_i^{NRT} = b_i - x_i^{NRT} - m_{i,i-1}^{NRT} - m_{i,i+1}^{NRT})$$
$$M^{RT} = P(m_{i,i-1}^{RT} = y_i^- | D^c = d_i^{RT} + y_i^+) \times$$
$$P(m_{i,i+1}^{RT} = y_i^+ | D^c = d_i^{RT} + y_i^-)$$
$$M^{NRT} = P(m_{i,i-1}^{NRT} = z_i^- | D^c = d_i^{NRT} + z_i^+) \times$$
$$P(m_{i,i+1}^{NRT} = z_i^+ | D^c = d_i^{NRT} + z_i^-)$$

En se basant sur toutes ces observations, nous pouvons procéder à la réalisation de la matrice de transition P du système :

$$P = \left(P(\vec{n}, \vec{n}')\right), \text{ pour } (\vec{n}, \vec{n}') \in E \times E \quad (5.37)$$

Dès lors, nous déterminons le vecteur de distribution stationnaire $\vec{\Pi}$ en résolvant le système d'équations indépendant linéaire suivant :

$$\vec{\Pi} = \{\pi(\vec{n}) | \vec{n} \in E\} \quad \text{avec} \quad \begin{cases} \vec{\Pi} P = \vec{\Pi} \\ \sum_{\vec{n} \in E} \pi(\vec{n}) = 1 \end{cases} \quad (5.38)$$

5.3 Mesures de performance

5.3.1 Débit total des trafics non temps réel

Etant donné que le débit de chaque appel temps réel est fixé par les utilisateurs, nous traitons ici celui des appels non temps réel. Dès lors, nous calculons le débit physique atteint en

Chapitre 5. Gestion de la mobilité intra-cellulaire

moyenne par un trafic NRT. Pour cela, nous nous basons sur la relation (5.7), ainsi que le débit moyen à l'état stationnaire du système. Aussi, soit R_{NRT}^{tot} le débit des appels non temps réel de l'ensemble de la cellule.

$$E(R_{NRT}^{tot}) = \sum_{\vec{n} \in E} \pi(\vec{n}) \sum_{i=1}^{r} n_i^{NRT} R_i^{NRT} \qquad (5.39)$$

5.3.2 Temps moyen de séjour des appels non temps réel

Du moment que les appels non temps réel ne sont pas bloqués par le système, ils se partagent les ressources laissées disponibles par les appels temps réel. Or, le temps de séjour des appels non temps réel dépend directement des ressources du système auxquelles ils auront accès. Nous calculons ici le temps moyen de transfert en divisant le nombre moyen d'appels NRT dans un secteur i : $E(NRT_i)$; avec les arrivées moyennes de requêtes de type NRT dans le secteur i : Λ_i^{NRT}.

Le temps moyen de transfert des appels non temps réel dans le secteur i est donné par la loi de Little (Gelenbe et Pujolle, 1987) :

$$T_i^{NRT} = \frac{E(n_i^{NRT})}{\Lambda_i^{NRT}} = \frac{\sum_{\vec{n} \in E} \pi(\vec{n}) n_i^{NRT}}{\sum_{j=0}^{\min(n_i, N_{NRT})} j P(NRT_i = j)} \qquad (5.40)$$

où NRT_i est la variable aléatoire du nombre d'arrivées d'appels non temps réel en région i, dont la probabilité nous est donné par :

$$P(NRT_i = j) = \sum_{a_1=0}^{c_1,...,c_r} \sum_{b_1=0}^{e_1,...,e_r} P(a_1,...,a_r,b_1,...,b_r) \qquad (5.41)$$
$$\vdots \qquad \vdots$$
$$a_r=0 \quad b_r=0$$

Pour $l = 1,...,r$. $c_l = \min(n_l, N_{RT})$ et $e_l = \min(n_l, N_{NRT})$. $b_i = j$ et $e_i = j$.

5.3.3 Probabilité de perte des appels temps réel

Soit P_D^j la probabilité qu'un appel migrant depuis le secteur j vers le secteur $j+1$ soit perdu faute de ressources disponibles.

le calcul de cette probabilité requiert le calcul de tous les états et transitions possibles amenant à un dépassement des ressources de la cellule par suite d'une migration ou plus depuis les secteurs 1 à j. Dans ce but, nous avons à calculer la probabilité $p_{i^s}^j$ qu'un appel temps réel

5.3. Mesures de performance

migrant vers le secteur $j+1$ soit perdu dans la mesure où le secteur bloquant les migrations est identifié : $i^\sharp$.

La probabilité de perte générale pour chaque secteur est alors définie ainsi :

$$P_D^j = \sum_{\vec{n} \in E} \pi(\vec{n}) \sum_{\substack{d_1=0 \\ \vdots \\ d_r=0}}^{nRT_1 \atop n_r^{RT}} \sum_{\substack{y_1^-=0 \\ \vdots \\ y_r^-=0}}^{n_1^{RT} \atop n_r^{RT}} \sum_{\substack{y_1^+=0 \\ \vdots \\ y_r^+=0}}^{n_1^{RT} \atop n_r^{RT}} \Omega_D p_{i^\sharp}^j \qquad (5.42)$$

$$y_j^+ = 1 \qquad (5.43)$$
$$\Omega_D = \prod_{i=1}^{r}\left(D \times M^{RT} \times \delta_1^\sharp.\delta_2^\sharp.\delta_3^\sharp\right) \qquad (5.44)$$
$$D = P(D_i^{RT} = d_i^{RT}) \qquad (5.45)$$
$$M^{RT} = P(m_{i,i-1}^{RT} = y_i^- | D^c = d_i^{RT} + y_i^+) P(m_{i,i+1}^{RT} = y_i^+ | D^c = d_i^{RT} + y_i^-) \qquad (5.46)$$

$$p_{i^\sharp}^j = \begin{cases} 0, & \text{si } j < i^\sharp; \\ 1, & \text{si } j > i^\sharp; \\ 1 - \dfrac{\overline{m}_j}{m_j}, & \text{si } j = i^\sharp. \end{cases} \qquad (5.47)$$

où pour $i = 1,\ldots,r$:

$$\overline{m}_j = \max\Big(m_i | L - L_{min}^{NRT} \quad - \quad \sum_{l=1}^{r} L_l^{RT}(n_l^{RT} - d_l^{RT}) \qquad (5.48)$$
$$+ \quad \sum_{l=2}^{r} y_l^-(L_l^{RT} - L_{l-1}^{RT}) \qquad (5.49)$$
$$- \quad \sum_{l=1}^{i^\sharp-1} y^+(L_{l+1}^{RT} - L_l^{RT}) \qquad (5.50)$$
$$- \quad m_i(L_{i+1}^{RT} - L_i^{RT}) > 0 \Big) \qquad (5.51)$$

117

5.3.4 Probabilité de blocage des trafics temps réel

La probabilité de blocage consiste en la probabilité qu'un appel temps réel soit bloqué en entrée du secteur j faute de ressources disponibles lors du traitement de la requête de bande passante.

Soit P_B^j la probabilité qu'un appel désirant entrer en secteur j soit bloqué. Afin de l'obtenir, nous calculons les différentes évolutions d'état du système aboutissant à ces blocages. En outre, nous établissons la probabilité $p_{i^*}^j$ qu'un appel temps réel arrivant au secteur j soit bloqué par le système, pour un i^* donné.

Aussi, la probabilité de blocage est donnée par la relation suivante :

$$P_B^j = \sum_{\vec{n} \in E} \pi(\vec{n}) \sum_{\substack{a_1=0 \\ \vdots \\ a_r=0}}^{\substack{g_1 \\ \vdots \\ g_r}} \sum_{\substack{b_1=0 \\ \vdots \\ b_r=0}}^{\substack{w_1 \\ \vdots \\ w_r}} \sum_{\substack{d_1=0 \\ \vdots \\ d_r=0}}^{\substack{n^{RT}_1 \\ \vdots \\ n^{RT}_r}} \sum_{\substack{y_1^-=0 \\ \vdots \\ y_r^-=0}}^{\substack{n^{RT}_1 \\ \vdots \\ n^{RT}_r}} \sum_{\substack{y_1^+=0 \\ \vdots \\ y_r^+=0}}^{\substack{n^{RT}_1 \\ \vdots \\ n^{RT}_r}} \Omega_B p_{i^*}^j \tag{5.52}$$

$$a_j = 1 \tag{5.53}$$
$$g_i = \min(N_{RT}, n_i) \tag{5.54}$$
$$w_i = \min(N_{NRT}, n_i) \tag{5.55}$$
$$\Omega_B = Z \prod_{i=1}^{r} (D \times M^{RT} \times \delta_1^* . \delta_2^* . \delta_3^*) \tag{5.56}$$
$$Z = P(A_1 = a_1, ..., A_r = a_r, B_1 = b_1, ..., B_r = b_r) \tag{5.57}$$
$$D = P(D_i^{RT} = d_i^{RT}) \tag{5.58}$$
$$M^{RT} = P(m_{i,i-1}^{RT} = y_i^- | D^c = d_i^{RT} + y_i^+) P(m_{i,i+1}^{RT} = y_i^+ | D^c = d_i^{RT} + y_i^-) \tag{5.59}$$

$$p_{i^*}^j = \begin{cases} 0, & \text{si } j < i^*; \\ 1, & \text{si } j > i^* \text{ ou } i^{\#} \in [1, r]; \\ 1 - \dfrac{\bar{a}_j}{a_j}, & \text{si } j = i^*. \end{cases} \tag{5.60}$$

où pour $i = 1, \ldots, r$:

$$\bar{a}_j = \max\Big(a_i | L^{RT} \quad - \quad \sum_{l=1}^{r} L_l^{RT}(n_l^{RT} - d_l^{RT}) \tag{5.61}$$

$$- \quad \sum_{l=2}^{r} y_l^{-}(L_{l-1}^{RT} - L_l^{RT}) \tag{5.62}$$

$$+ \quad \sum_{l=1}^{r-1} y^{+}(L_{l+1}^{RT} - L_l^{RT}) \tag{5.63}$$

$$- \quad \sum_{l=1}^{i^*-1} a_l L_l^{RT} \tag{5.64}$$

$$- \quad a_i L_i^{RT} > 0 \Big) \tag{5.65}$$

5.4 Résultats et analyses numériques

Nous considérons un cellule IEEE802.16e composé de deux secteurs $r = 2$. Chaque secteur se caractérise par sa modulation de transmission : 64-QAM 3/4 (E_2=3 bits/symbole) et QPSK 1/2 (E_1=1 bits/symbole). Le taux d'erreur block est fixé à $BLER_i = 0$. La cellule utilise 1024 sous-porteuses et les ressources totales de la cellule représentent $L = 5$. Les trafics temps réel dans le premier secteur utilisent $L_1^{RT} = 1$, et ceux du secteur extérieur utilisent $L_2^{RT} = 3$. Notons enfin que nous utiliserons ces autres paramètres : $K = 48$, $B = 2666$ symboles/seconde, $E(Pay) = 500000$ bits. Par ailleurs, le débit requis par l'ensemble des trafics temps réel correspond à $R^{RT} = 384$ kbps pour un taux de service $\mu_{RT} = 1/120$. Ces paramètres ont précédemment étaient étudiés et justifiés dans (Tarhini et Chahed, 2007b). Notons enfin que pour notre mécanisme de partitionnement de code : $N_{RT} = 2$. Enfin, le temps *slot* du système correspond à $T = 1$ms. Nous précisons que les calculs relatifs à l'expression (5.37) nous ont contraint à restreindre le nombre maximum d'appels NRT dans le système à 10 appels par secteur.

Impact de la mobilité des utilisateurs

La figure 5.1, représente l'occupation moyenne du système par les appels RT et NRT. Les résultats sont donnés en fonction de la portion de bande passante L_{mob}, exprimées en pourcentage de la bande passante totale du système. La figure montre les résultats obtenus pour différents comportements de mobilité (c'est à dire pour différentes probabilités $p_{i,j}$). La figure témoigne alors que les appels NRT tirent un grand bénéfice de la bande passante conservée pour les migrations. En effet, la portion de bande passante L_{mob} permet à la fois au système de conserver des ressources en cas de migrations d'appel vers des régions extérieures. Mais elle assure surtout aux trafics NRT de pouvoir se partager une quantité appréciable de ressources impli-

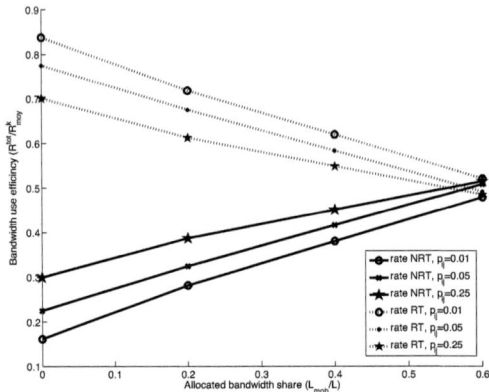

FIGURE 5.1 – *Taux d'occupation des ressources des appels RT et NRT, en fonction des ressources réservées pour la mobilité et pour différents comportements de mobilité.* $N_{NRT} = 2$

citement sous-exploitées. Par ailleurs, l'analyse de ces résultats montre qu'un accroissement de la mobilité des utilisateurs permet d'atteindre des débits globaux plus élevés. En l'occurrence cette observation confirme les conclusions de la référence (Grossglauser, 2002) qui détermine de quelle manière la mobilité des utilisateurs accroît la capacité d'un réseau sans-fil. Au final, nous remarquons que la portion L_{mob} produit les même effets que la bande passante L_{min}^{NRT}. Cette dernière vise à fournir des ressources minimum à partager entre les appels NRT. Ainsi, L_{mob} permet à la fois d'améliorer la gestion des migrations, mais aussi de répondre aux problèmes éventuels de famine de ressources pour les appels NRT.

La figure 5.2 propose la comparaison entre la probabilité de blocage et de perte des appels RT. Ces résultats sont représentés en fonction de la bande passante réservée à la gestion des migrations ainsi que pour différents comportement de mobilité. Ainsi que nous l'attendions, la réservation de bande passante L_{mob} facilite la prise en charge des migrations d'appel vers les secteurs extérieurs. La probabilité de perdre un appel en migration se retrouve alors fortement réduite à mesure que la partie réservée augmente. D'ailleurs, cette réservation de bande passante pour les migrations permet de conserver une probabilité de perte d'appel relativement faible alors que les utilisateurs expriment une mobilité extrêmement forte : la figure montre que la probabilité de perte se retrouve multipliée par 7 alors que les utilisateurs sont 25 fois plus rapides. De plus, nous pouvons apprécier sur cette figure l'évolution de la probabilité de

5.4. Résultats et analyses numériques

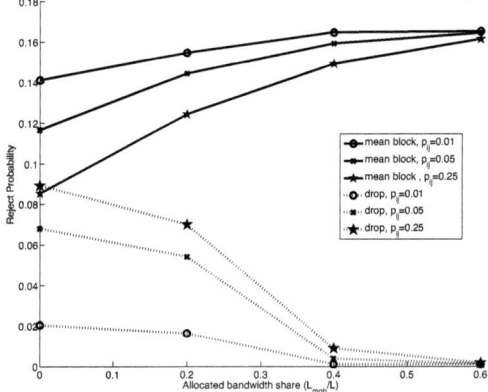

FIGURE 5.2 – *Comparaison des probabilités de blocage et de perte des appels RT, en fonction des ressources réservées pour la mobilité et pour différents comportements de mobilité.* $N_{NRT} = 2$

blocage des appels en entrée du système. Cette probabilité atteint un plateau à mesure que la réservation de ressources L_{mob} augmente linéairement. De ce fait nous concluons ici que cette portion L_{mob} permet de réduire de manière rapide la probabilité de perte des appels tout en conservant une probabilité de blocage acceptable ou, au pire, caractérisée par un plateau de valeurs quasi-invariantes.

Impact du partitionnement des codes

La figure 5.3 représente l'occupation moyenne du système par les appels RT et NRT. Les résultats sont donnés en fonction de la portion de bande passante L_{mob}, exprimés en pourcentage de la bande passante totale du système. La figure montre les résultats obtenus pour différents schémas de partitionnement des codes alloués à chaque type d'appel (N_{NRT}). De même que précédemment, nous observons en premier lieu que le débit des appels NRT profite de la mobilité des utilisateurs. Par contre, ce débit parait insensible aux configurations possibles du schéma de partitionnement. Ce fait s'explique dès lors que les schémas de partitionnement permettent uniquement de faciliter l'accès aux système des appels NRT. Or la portion de bande passante accessible aux appels NRT dépend uniquement du nombre des appels RT dans le système. Ainsi, la capacité des appels NRT à profiter de la totalité de cette bande passante ne dépend nullement

Chapitre 5. Gestion de la mobilité intra-cellulaire

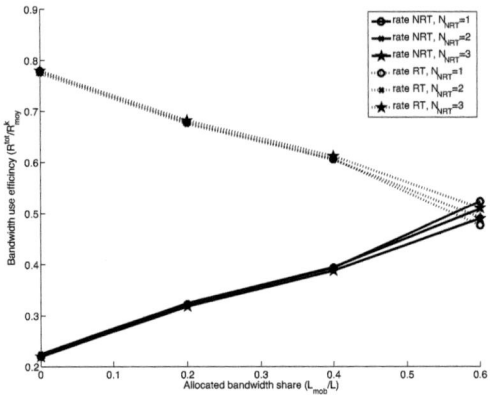

FIGURE 5.3 – *Taux d'occupation des ressources des appels RT et NRT, en fonction des ressources réservées pour la mobilité et pour différents partitionnements des codes.* $p_{i,j} = 0.15$

de la quantité d'appels NRT ayant eu accès à cette ressource.

La figure 5.4 propose la comparaison entre la probabilité de blocage et de perte des appels RT. Ces résultats sont représentés en fonction de la bande passante réservée à la gestion des migrations ainsi que pour différents schémas de partitionnement des codes alloués à chaque type d'appel (N_{NRT}). Nous observons que la probabilité de blocage, au contraire de celle de perte des appels migrant, peut être réduite par une configuration efficace du partitionnement des codes entre les types de service. Par exemple, la figure témoigne d'un taux de blocage minimum pour un partitionnement caractérisé par $N_{NRT} = 2$. En fait, cette configuration correspond à la configuration optimale définie dans le chapitre 3. Nous y précisions que la répartition des codes entre types de services dépendait du nombre d'utilisateurs moyen de ces services. Dès lors, du moment que la répartition de code peut se faire de manière optimale, il nous est alors possible de prétendre à la meilleur optimisation des paramètres du système assurant une probabilité de blocage initiale la plus basse possible via l'utilisation des codes, et la probabilité acceptable de perte d'appel la plus haute via la portion de bande passante réservée aux appels migrant.

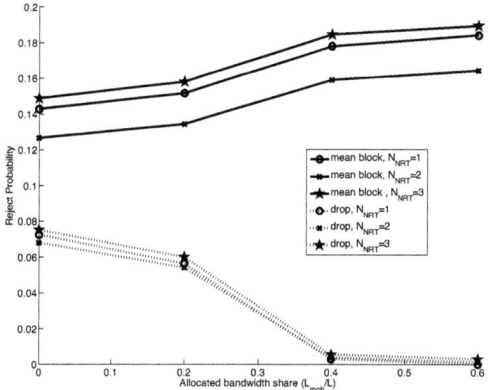

FIGURE 5.4 – *Comparaison des probabilités de blocage et de perte des appels RT, en fonction des ressources réservées pour la mobilité et pour différents partitionnements des codes.* $p_{i,j} = 0.15$

5.5 Bilan et perspectives

Du moment qu'aucun algorithme standard de contrôle d'admission des connexions entrantes n'est fourni directement par la norme IEEE802.16e, nous désirions définir différentes approches de compromis de différenciation des deux principaux types de service. L'objectif final était d'en extraire des éléments d'amélioration conjointe de leurs performances respectives. Au travers de ce dernier travail, nous proposons un algorithme de contrôle d'admission où les appels non temps réel profitent d'une quantité minimale de ressources à se partager équitablement entre eux, ainsi que d'une partie de bande passante visant à empêcher la perte des appels temps réel. Ces derniers, en migrant dans des secteurs extérieurs, demandent un surplus de bande passante pour la pérennité de leurs services.

Dans ce contexte d'arrivée, de départ et de migration en temps discret, le système vise à accepter en premier les appels les moins gourmands en ressources, c'est à dire ceux des secteurs les plus internes à la cellule IEEE802.16e. Les appels temps réel se caractérisent par un débit constant au cours du temps et un temps de service indépendant des ressources consommées. La bande passante qui leur sont allouée est alors dépendante de la modulation du secteur duquel il sont issus et le temps de services est uniquement fonction du comportement de l'utilisateur. A l'inverse, les appels non temps réel n'ont aucune exigence de débit et supportent la

Chapitre 5. Gestion de la mobilité intra-cellulaire

variation dynamique des bandes passante qui leurs sont allouées. Ils se partagent équitablement les sous-porteuses laissées libres par les appels temps réel, et leurs débits respectifs dépendent de la modulation qu'ils exploitent. Enfin, leurs temps de service dépendent directement des ressources qui leur sont attribuées au cours du temps.

Notre étude se base sur une chaîne de markov à temps discret (DTMC). Le modèle qui y est développé propose un ensemble complet de relations finalisées relative au débit et temps de séjour des appels non temps réel, ainsi qu'aux probabilité de blocage et de perte des appels temps réel. De tout ces éléments, nous détaillons une étude des ces métriques de performances vis à vis des différentes bandes passantes alloués spécifiquement aux appels temps réel et non temps réel avec possibilité de migration géographique ainsi que pour la différenciation des services par partitionnement des codes CDMA qui leur sont attribués.

Les résultats montrent que l'existence d'une bande passante facilitant la migration des appels temps réel vers les secteurs extérieurs réduit grandement la probabilité de perte de ces appels sans pour autant augmenter de manière significative la probabilité de bloquer les nouvelles arrivées de ces appels. Par ailleurs, le fait que les appels non temps réel puissent disposer de tout ou partie de cet espace de sous-porteuses leur assure un approvisionnement minimal en ressources de transmission. Aussi, nous concluons en préconisant l'utilisation seule de cette espace L_{mob}. Quel que soit l'importance de la mobilité des utilisateurs, cet espace de ressource est à même de répondre aux objectifs ayant initialement motivés la mise en place de l'espace L_{min}^{NRT}. Un dernier élément de conclusion confirme qu'une mobilité intense des utilisateurs permet d'améliorer la capacité globale du système. Nous précisons d'ailleurs que ceci est vrai dans le « WiMAX » dès lors que les trafics de signalisation induis par la migration circule sur des canaux physique séparés de l'espace OFDMA (temps-fréquence) servant à la transmission des données. Finalement, nos éléments de conclusions précisent les critères à prendre en considération quant à l'optimisation des grandeurs étudiées dans ce chapitre ainsi que des perspectives et moyens de prioritisation des types de service entre eux.

Nos travaux futurs sont maintenant motivés par une observation majeure : la présente étude nous invite naturellement à étendre le modèle en intégrant une mobilité inter-cellulaire. Le standard IEEE802.16e assure maintenant la mobilité des utilisateurs sur plusieurs cellules en se basant sur le principe de *handover*. Aussi, nous engageons maintenant leur intégration dans le modèle. D'ailleurs, les premiers résultats obtenus à ce jour nous montrent que le modèle définit dans ce chapitre permet une intégration extrêmement aisée des événements propres aux arrivées et départs extra-cellulaires intervenants dans un environnement à temps discret.

Chapitre 6

Conclusion Générale

Depuis sa formalisation en 2002, le standard IEEE802.16 dit « WiMAX », a évolué. Il s'est structuré tout en proposant des fonctionnalités nouvelles. Aujourd'hui, il figure parmi les technologies les plus en vues par les industriels, les constructeurs et les fournisseurs d'accès. Qu'ils soient utilisés en compétition ou en coopération avec d'autres systèmes de communication tous aussi prometteurs, comme le HSDPA et le LTE, le WiMAX réunit tous les atouts susceptibles d'en faire un standard de communication aussi populaire que le Wi-Fi ou encore l'UMTS.

D'un point de vue technique, l'analyse approfondie des travaux relatifs au standard IEEE802.16 révèle tout un ensemble d'éléments risquant de ralentir son développement. En effet, le standard demeure encore incomplet et un certain flou subsiste vis à vis des performances qu'on pourrait en attendre. Le standard se charge uniquement de définir les composants constitutifs des deux premières couches du modèle OSI. En outre, les mécanismes intervenant sur la couche d'accès au canal (MAC) se basent sur un large éventail de paramètres pour lesquels l'IEEE préconise des valeurs standards et des plages possibles. Mais aucune de ces données n'est étayées d'une justification ou alors d'une étude de comportement consultables publiquement. A cet état de fait s'ajoute qu'aucun autre élément issu des couches supérieures ne sont encore clairement identifié. Cet handicap est d'autant plus fort que le standard se base justement sur la formalisation de nombreuses classes de service auxquelles sont associées des mécanismes propres de connexion. Enfin le standard a évolué vers une approche de réseau cellulaire. Ainsi, le WiMAX permet, depuis sa version - e -, la mise en place d'architectures cellulaires en assurant entre autres la gestion de la mobilité des utilisateurs. Toutefois, ce type d'architecture nécessite là encore la conception d'éléments nouveaux, propres à l'architecture et non aux utilisateurs, et qui ne sont pas abordés par le standard. Ainsi, le déploiement d'un réseau cellulaire WiMAX requiert au préalable la définition d'un algorithme complet et efficace de contrôle d'admission des connexions.

Chapitre 6. Conclusion Générale

D'un point de vue scientifique, l'exploration de l'existant portant sur les travaux relatifs au standard IEEE802.16e témoigne d'un certain nombre de lacunes. La première, et la plus durement ressentie, est le manque de généralité dans les modèles conçus. En effet, comme tout nouveaux standard émergeant, le WiMAX ne dispose pas d'une base scientifique assez solide lui permettant de profiter de modèles théoriques simples et éprouvés. A l'image des normes *Ethernet* (IEEE802.3) et *Wi-Fi* (IEEE802.11) le WiMAX (IEEE802.16) pourrait désormais prétendre à la conception et à l'utilisation de modèles de performances plus simples et généraux. Tel que défini dans le premier paragraphe, le standard IEEE802.16 se caractérise par un large éventail d'éléments constitutifs. Au mieux de notre connaissance, ces éléments n'ont encore jamais été pris en considération dans leur totalité.

Le tout premier objectif de cette thèse fut donc de fournir un modèle correspondant aux performances des utilisateurs sur couche MAC du standard IEEE802.16e. Portés par le souci de généralité et d'exactitude de l'étude, nous avons conçu un modèle théorique tirant parti de l'ensemble des paramètres intervenant sur les mécanismes de connexion des utilisateurs. La littérature fait clairement état du fait que les performances des appels temps réel découlent grandement de leur rapidité d'engagement de transmission. Aussi, nous avons en sus développé une approche nouvelle visant à définir une prioritisation sur couche MAC entre les différentes classes de services.

Dans un premier chapitre, nous développons une analyse de point fixe pour le standard IEEE802.16e. L'intérêt de ce modèle se résume en deux critères : en se basant uniquement sur les propriétés du mécanisme de demande de ressources, l'analyse développe des relations extrêmement simples desquelles découle un grand nombre de métriques de performance, telles que la probabilité d'émission, et celle de collision. Le second critère porte sur sa grande généralité native. L'analyse de point fixe permet directement de prendre en considération tous les paramètres liés à l'engagement des communications. Il nous est alors possible de caractériser le comportement du système de communication ainsi que les différents impacts, indépendants et combinés, des variations de ces paramètres. Enfin, nous concevons un nouveau moyen de différenciation des classes de trafic, en proposant une répartition dynamique des codes utilisés pour les engagement de connexion de ces différentes classes. Les conclusions de notre étude nous amènent directement à la critique et la justification des paramétrages proposées par le consortium IEEE. Nos résultats attestent qu'une grande majorité de ces paramètres conseillés aboutissent à une gestion de moindre efficacité du canal de transmission. Nos éléments de conclusions présentent alors un certain nombre de préconisations et de mises en garde, susceptibles de définir une politique optimale pour la gestion de la ressource radio et le respect de la Qualité de Service. Enfin, notre proposition de partitionnement des codes entre les classes de trafic, témoigne de perspectives prometteuses amenant d'une part à des améliorations globales et respectives à chaque classe, et d'autre part à un meilleur respect de chacun des critères de qualité de service. En outre, ce principe présente d'autres avantages liés au contrôle dynamique des admissions de connexion. En effet, le principe que nous proposons permet l'établissement d'un contrôle d'admission qui nous qualifions de « virtuel ». Il minimise, ou supprime, les chances d'accès aux ressources pour les trafics qui surchargeraient le système de communication tout en favorisant l'accès des autres. En outre, un tel procédé permet de gérer dynamiquement l'engorgement des connexions arrivant à l'entrée du système et soumises à la contention. Enfin, nous soulignons que le partitionnement des codes aboutit indirectement à un allégement de la charge de traitement de la part de la station de base. Cette observation implique donc une diminution globale des délais de traitement des demandes de ressources pour les utilisateurs. En outre, nous soulignons le fait que la présente étude caractérise le processus général des arrivées par classe de trafic. En effet, nous avons montré que le processus d'arrivée des requêtes peut aisément et fidèlement être approximé par le produit de deux variables aléatoire indépendantes de distributions gaussiennes. Ce fait constitue une des principales contributions de nos travaux. Ainsi, les travaux à venir pourront se baser justement sur des processus d'arrivées gaussiens. Il apparaît en effet, au vu de notre état de l'art, que ce type d'hypothèse est généralisé dans les études portant sur le standard IEEE802.16.

Le second objectif visait à fournir à une architecture cellulaire IEEE802.16e un algorithme complet de contrôle d'admission remplissant l'ensemble des taches qui nous semblait primordiales, au vu des ambitions du standard. L'algorithme ainsi proposé dans cette étude fournit aux appels temps réel les ressources qu'ils demandent. Il répartit équitablement les ressources disponibles entre tous les appels non temps réel. En outre, il assure aussi à ces derniers une quantité minimale de ressources, empêchant ainsi toute famine pour les appels trop souvent considérés comme les moins prioritaires. Il facilite en même temps la mobilité des appels au sein de la cellule, et l'approvisionnement des appels non temps réel en ressources de transmission. Ces deux éléments de performances, bien que fondamentalement opposés, trouvent ici leur solution dans un même mécanisme simple intégré au contrôle d'admission. Enfin, en conservant notre approche de partitionnement des codes entre les différentes classes de trafic, nous avons pu mettre en évidence les perspectives d'amélioration des performances globales du système. En se basant sur une gestion dynamique des configurations adoptées par chaque classe de trafic, les performances propres du système peuvent profiter d'améliorations mutuelles. En dehors de toutes ses considérations de performances, nous soulignons aussi le fait que le modèle proposé se base sur une approche discrète des événements ayant lieu sur la couche MAC. Ce fait engendre naturellement une modélisation plus lourde et complexe, comparée aux modèles à temps continu présents dans la littérature. Néanmoins, il nous semble primordial de se fixer un objectif de véracité vis à vis d'une telle étude. En effet, l'approche discrète nous assure une fidélité fondamentale par rapport aux événements et à leurs interactions ayant effectivement cours sur le canal de transmission d'une cellule IEEE802.16e.

Concernant les perspectives, nous identifions trois thématiques principales d'évolution de nos travaux :

Chapitre 6. Conclusion Générale

La première piste vise à compléter les améliorations possibles pour les performances des utilisateurs sur couche MAC. En premier lieu, nous voulons définir un schéma de partitionnement général pour les codes modulant des *ranging requests*. Le but sera alors de considérer un nombre indéterminé de classes de trafic qui disposeront chacune d'une partie commune et dédiée de la plage totale des codes. De plus, nous voulons pouvoir y caractériser un ensemble de distributions de probabilité spécifiant quelle sous-plage chaque classe choisira pour une demande de ressources. Partant de ce schéma élargi, nous visons à définir une approximation pertinente de la distribution des arrivées des *ranging requests*. Nos dernières conclusions liées au processus d'arrivée sur couche MAC attestent que la distribution des arrivées entre les classes de trafic peut être approximée par le produit de deux variables aléatoire indépendantes de distributions gaussiennes. Nous chercherions alors à caractériser les paramètres de ces distributions en fonction de ceux relatifs aux mécanismes de connexion (*backoff*) ainsi qu'à ceux du partitionnement des codes d'accès. Cette dernière étape nous assurerait alors de pouvoir déterminer directement le comportement des arrivées de requêtes en entrée d'un système IEEE802.16e. Un tel outil serait des plus appréciables en vue de définir un algorithme de contrôle d'admission et de gestion de la Qualité de Service, tous deux réalistes et efficaces. Suivant un autre d'approche, nous voudrions élaborer une étude inter-couche où les métriques de performances mesurées sur les couches supérieures du réseau nous permettent d'adapter les paramètres de connexion et ceux de partitionnement.

La deuxième principale piste de recherche s'attarde sur des améliorations de notre algorithme de contrôle d'admission. En premier lieu nous voulons impérativement remédier au blocage excessif des appels temps réel au niveau des secteurs extérieurs de la cellule. Aussi, nous voudrions y intégrer l'utilisation d'une distribution déterminée α_i, $i \in [1, ..., r]$ définissant la probabilité qu'un appel arrivant en secteur i soit accepté dans le système. Par cet ajout, nous cherchons à déterminer un principe plus équitable. En outre, nous visons à y définir et intégrer des fonctions d'utilité prenant en considération le degré d'insatisfaction des utilisateurs face à un blocage ou à une perte d'appel. Enfin, nous voulons élargir encore la gestion de la mobilité en intégrant cette fois ci d'une part les migrations d'appels provenant des cellules voisines (handover), et d'autre part, les trafics provenant d'autres technologies cellulaires. La démocratisation des équipements multi-interfaces, associée à la superposition des zones de couverture multi-technologies, nous poussent à considérer les perspectives de répartition de charge et de *multihoming*. Ces dernières perspectives doivent elles aussi profiter d'algorithmes adaptés pour le standard IEEE802.16e afin de favoriser la coordination et la coopération entre ces différentes technologies. Nous soulignons d'ailleurs que cette dernière piste de recherche est actuellement abordée par le IEEE802.16f en cours de formalisation.

La dernière piste que nous identifions à la suite de cette thèse consiste en l'étude des performances du protocole TCP. De récentes études font état des lourdes complications induite par le transit d'un trafic de signalisation TCP sur une interface IEEE802.16. En effet, le trafic TCP est associé à la classe de *Best Effort*. Aussi, le trafic de signalisation ne profite pas d'une qualité de service suffisante. Ce fait déclenche alors des mécanismes de contrôle de congestion qui sont, dans ce cas précis, inadaptés. Nous proposerions d'étudier la faisabilité et la justification d'un principe d'association dynamique de classe de service pour les trafic TCP. Ainsi, les trafics de donnée TCP et ceux de signalisation serait associés de manière indépendante à des classes de service différentes.

Liste des Acronymes

3G	-	3-ième Génération
3GPP	-	3rd Generation Partnership Project
ADSL	-	Asymmetric Digital Subscriber Line
ANR	-	Agence Nationale de la Recherche
ART	-	autorité de régulation des télécommunications
BLER	-	BLock Error Rate
BPSK	-	Binary Phase Shift Keying
BE	-	Best Effort
BR	-	Bandwidth request Ranging
BS	-	Base Station
BWR	-	BandWidth Request
CAC	-	Connection Admission Control
CDMA	-	Code Division Multiple Access
CID	-	Connection IDentifier
CINR	-	Carrier to Interference and Noise Ratio
CPS	-	Common Part Sublayer
CS	-	Convergence Sublayer
DAMA	-	Demand Assign Multiple Access
DBPC	-	Downlink Burst Profile Change
DL	-	DownLink
DL Burst	-	DownLink Burst
DL-MAP	-	DownLink Map
DTMC	-	Discrete Time Markov Chain
ertPS	-	extended real time Polling Service
FPA	-	Fixed Point Analysis
FSMC	-	Finite State Markov Chain
FTP	-	File Transfert Protocol
GoS	-	Grade of Service
HSDPA	-	High Speed Downlink Packet Access

Liste des Acronymes

IEEE	-	Institute of Electrical and Electronics Engineers
IR	-	Initial Ranging
JRRM	-	Joint Resource Radio Management
LAN	-	Local Area Network
LOS	-	Line of Sight
MAC	-	Medium Access Control layer
MAN	-	Metropolitan Area Network
MPEG	-	Moving Pictures Experts Group
NLOS	-	Non Line of Sight
NRT	-	Non Real Time
nrtPS	-	non real time Polling Service
OFDMA	-	Orthogonal Frequency Division Multiple Access
OSI	-	Open Systems Interconnexion
PAN	-	Personnal Area Network
PHS	-	Payload Header Suppression
PHY	-	PHYsic layer
PMP	-	Point-to-Multi-Point
PR	-	Periodic Ranging
PS	-	Processor Sharing
QoS	-	Quality of Service
RR	-	Round Robin
RT	-	Real Time
RTG	-	Receive/transmit Transition Gap
rtPS	-	real time Polling Service
SAP	-	Service Access Point
SDU	-	Service Data Unit
SFID	-	Service Flow IDentifier
SNR	-	Signal-to-Noise Ratio
SS	-	Subscriber Station
SWOT	-	Strengths, Weaknesses, Opportunities and Threats
TDD	-	Time Division Duplex
TRS	-	Time Removal Scheduling
TTG	-	Transmit/Receive Transition Gap
UGS	-	Unsolicited Grant Service
UL	-	UpLink
UL Burst	-	UpLink Burst
UL-MAP	-	UpLink Map
UMTS	-	Universal Mobile Telecommunications System
VDSL	-	Very high bit-rate Digital Subscriber Line

VoIP	-	Voice over Internet Protocol
WCDMA	-	Wideband Code Division Multiple Access
Wi-Fi	-	Wireless Fidelity
WiMAX	-	Worldwide Interoperability for Microwave Access
WiNEM	-	Wimax Network Engineering and Multihoming
WRR	-	Weighted Round Robin

Liste des Acronymes

Liste des illustrations

1.1	Couches du standard IEEE802.16	15
1.2	Trame IEEE802.16e-OFDMA	18
1.3	Schéma de sectorisation d'une cellule IEEE802.16e	19
1.4	Schéma de changement de profil +	22
1.5	Schéma de changement de profil −	23
1.6	Envoi pour changement de profil de modulation	24
1.7	Traitement pour changement de profil de modulation	25
1.8	Algorithme d'ouverture de service	27
2.1	Chronogramme de *backoff* IEEE802.16	44
2.2	Taux de tentative vs. n vs. CW_{min}	50
2.3	Collision vs. n vs. CW_{min}	50
2.4	Taux de tentative vs. n vs. k	51
2.5	Collision vs. n vs. k	51
2.6	Taux de tentative vs. n vs. t_r	52
2.7	Collision vs. n vs. t_r	52
2.8	Taux de tentative vs. n vs. N	53
2.9	Collision vs. n vs. N	54
2.10	Arrivée moyenne vs. n vs. N	54
2.11	Distribution des arrivées vs. n vs. N	55
2.12	Délai moyen vs. n vs. N	55
3.1	Chronogramme de *backoff* IEEE802.16 avec différenciation de classe	64
3.2	Validation du taux de tentative RT et NRT vs. n	71
3.3	Validation de la probabilité de collision RT et NRT vs. n	71
3.4	Distribution des arrivées partitionnées	72
3.5	Collision vs. N_2	72
3.6	Délai RT vs. n et N_2	73
3.7	Arrivée moyenne vs. n et N_2	73

3.8 Gain des collisions RT vs. N_2 et α 75
3.9 Gain des collisions NRT vs. N_2 et α 75
3.10 Gain du délai RT vs. N_2 et α 76
3.11 Gain du délai NRT vs. N_2 et α 76
3.12 Distribution des arrivées RT et NRT 77
3.13 Erreur relative d'approximation gaussienne des arrivées par classe 78

4.1 débit moyen NRT vs. ressource NRT dédiée vs. durée RT 96
4.2 Probabilité de blocage vs. ressource NRT dédiée vs. durée RT 96
4.3 Temps moyen de séjour NRT vs. ressource NRT dédiée vs. durée RT 97
4.4 débit moyen NRT vs. ressource NRT dédiée vs. partionnement 97
4.5 Temps moyen de séjour NRT vs. ressource NRT dédiée vs. partionnement 98
4.6 Probabilité de blocage vs. ressource NRT dédiée vs. partionnement 98

5.1 Taux d'occupation du système par des utilisateurs mobiles 120
5.2 Comparaison des blocage/perte d'appel pour des utilisateurs mobiles 121
5.3 Taux d'occupation du système à partitionnement des codes 122
5.4 Comparaison des blocage/perte d'appel avec différenciation par codes 123

Liste des tableaux

1.1 Historique du standard IEEE802.16 16
1.2 Modulations et codages sur IEEE802.16 20

Liste des tableaux

Bibliographie

(Ball et al., 2005) C. Ball, F. Trend, X. Gaube, et A. Klein, Septembre 2005. Performance analysis of temporary removal scheduling applied to mobile WiMAX scenarios in tight frequency reuse. *IEEE 16th International Symposium on Personal, Indoor and Mobile Radio Communications.*

(Barry et al., 2005) A. Barry, G. Healy, C. Daly, J. Johnson, et R. J. Skehill., Octobre 2005. Overview of WiMAX IEEE 802.16a/e. *5th Annual ICT Information Technology and Telecommunications.*

(Benameur et al., 2001) N. Benameur, S. B. Fredj, F. Delcoigne, S. Oueslati-Boulahia, et J.W.Roberts, Septembre 2001. Integrated admission control for streaming and elastic traffic. *QofIS 2001, Coimbra.*

(Berlemann et al., 2006) L. Berlemann, C. Hoymann, G. R. Hiertz, et S. Mangold, Mai 2006. Coexistence and interworking of IEEE 802.16 and IEEE 802.11(e). *Vehicular Technology Conference VTC Spring. IEEE 63rd.*

(Bianchi, 2000) G. Bianchi, Mars 2000. Performance analysis of the IEEE802.11 distributed coordination function. *Journal of Selected Area in Communications, Vol. 18, No. 3.*

(Chandra et Sahoo, 2007) S. Chandra et A. Sahoo, Juin 2007. An efficient call admission control for IEEE802.16 networks. *Local and Metropolitan Area Networks, 2007. LANMAN 2007. 15th IEEE Workshop.*

(Chen et al., 2005) J. Chen, W. Jiao, et H. Wang, Mai 2005. A service flow management strategy for IEEE802.16 broadband wireless access systems in TDD mode. *IEEE International Conference on Communications, ICC.*

(Cicconetti et al., 2007) C. Cicconetti, A. Erta, L. Lenzini, et E. Mingozzi, Janvier 2007. Performance evaluation of the IEEE 802.16 MAC for QoS support. *IEEE TRANSACTIONS ON MOBILE COMPUTING, VOL. 6, NO. 1.*

(Delicado et al., 2006) J. Delicado, L. Orozco-Barbosa, F. Delicado, et P. Cuenca, Mai 2006. A QoS-aware protocol architecture for WiMAX. *Electrical and Computer Engineering. CCECE. Canadian Conference on.*

Bibliographie

(Doha et al., 2006) A. Doha, H. Hassanein, et G. Takahara, Mars 2006. Performance evaluation of reservation medium access control in IEEE 802.16 networks. *Computer Systems and Applications. IEEE International Conference on..*

(Elayoubi et al., 2006) S. Elayoubi, B. Fourestie, et X. Auffret, Juin 2006. On the capacity of OFDMA802.16 systems. *IEEE International Conference on Communications, ICC.*

(Elayoubi et al., 2007) S. E. Elayoubi, T. Chahed, et G. Hébuterne, Janvier 2007. Mobility-aware admission control schemes in the downlink of third-generation wireless systems. *IEEE TRANSACTIONS ON VEHICULAR TECHNOLOGY, VOL. 56, NO. 1.*

(Forum, 2001) W. Forum, 2001. IEEE std. 802.16-2001 IEEE standard for local and metropolitan area networks part 16 : Air interface for fixed broadband wireless access systems. *IEEE Standard for local and Metropolitan Area Networks.*

(Forum, 2008) W. Forum, 2008. http ://www.wimaxforum.org/home/.

(Forum, 2005) W. Forum, Fevrier 2005. IEEE802.16e/D12, air interface for fixed and mobile broadband wireless access systems. *IEEE Standard for local and Metropolitan Area Networks.*

(Forum, 2004) W. Forum, Octobre 2004. IEEE802.16-2004, air interface for fixed broadband wireless access systems. *IEEE Standard for local and Metropolitan Area Networks.*

(Gelenbe et Pujolle, 1987) E. Gelenbe et G. Pujolle, Mars 1987. *Introduction to queueing networks.* New York, NY, USA : John Wiley & Sons, Inc.

(Ghosh et al., 2005) Ghosh, A. Wolter, D. R. Andrews, et J. G. Chen, Février 2005. Broadband wireless access with WiMAX/8O2.16 : Current performance benchmarks and future potential. *IEEE COMMUNICATIONS MAGAZINE, VOL 43, NUMB 2, pages 129-137.*

(Grossglauser, 2002) M. Grossglauser, Aout 2002. Mobility increases the capacity of ad-hoc wireless networks. *IEEE/ACM Transaction on Networking, Vol. 10, No. 4.*

(Kumar et al., 2006) A. Kumar, E. Altman, D. Miorandi, et M. Goyal, Mars 2006. New insights from a fixed point analysis of single cell ieee802.11. *IEEE Infocom.*

(Lee et Morikawa, 2006) D. H. Lee et H. Morikawa, Octobre 2006. Analysis of ranging process in IEEE802.16e wireless access systems. *MobiWac06 : Proceedings of the 4th ACM international workshop on Mobility management and wireless access.*

(Liu et al., 2005) Q. Liu, S. Zhou, et G. B. Giannakis, Mai 2005. Queuing with adaptive modulation and coding over wireless links : Cross-layer analysis and design. *IEEE TRANSACTIONS ON WIRELESS COMMUNICATIONS, Vol. 4, No. 3.*

(Ma et Jia, 2006) L. Ma et D. Jia, Novembre 2006. The competition and cooperation of WiMAX, WLAN and 3G, mobile technology, applications and systems. *2nd International Conference on Mobile technology, Applications and systems IEEE Infocom.*

(Mai et al., 2007) Y.-T. Mai, C.-C. Yang, et Y.-H. Lin, Février 2007. Cross-layer QoS framework in the IEEE 802.16 network. *Advanced Communication Technology, The 9th International Conference on*.

(Niyato et Hossain, 2006) D. Niyato et E. Hossain, Juin 2006. Queue-aware uplink bandwidth allocation and rate control for polling service in IEEE 802.16 broadband wireless networks. *IEEE TRANSACTIONS ON MOBILE COMPUTING, VOL. 5, NO. 6*.

(Ramaiyan et al., 2008) V. Ramaiyan, A. Kumar, et E. Altman, Octobre 2008. Fixed point analysis of single cell IEEE802.11e WLANs : uniqueness, multistability and throughput differentiation. *IEEE/ACM Transaction on networking, Vol. 16, No. 5*.

(Sari et Karam, 1995) Sari et G. Karam, Fevrier 1995. Transmission techniques for digital terrestrial tv broadcasting. *IEEE Communication Magazine*.

(Sartori et al., 2007) L. Sartori, S. E. Elayoubi, B. Fourestie, et Z. Nouir, Juin 2007. On the WiMAX and HSDPA coexistence. *Communications. ICC IEEE International Conference on*.

(Sayenko et al., 2006) A. Sayenko, O. Alanen, J. Karhula, et T. T. Hamalainen, Octobre 2006. Ensuring the QoS requirements in 802.16 scheduling. *MSWiM : Proceedings of the 9th ACM international symposium on Modeling analysis and simulation of wireless and mobile systems*.

(Seo et al., 2004) H. H. Seo, B. H. Ryu, E. S. Hwang, C. H. Cho, et N. W. Lee, Avril 2004. A study of code partioning scheme of efficient random access in OFDMA-CDMA ranging subsystem. *JCCI*.

(Settembre et al., 2006) M. Settembre, M. Puleri, S. Garritano, P. Testa, R. Albanese, M. Mancini, et V. L. Curto, Juin 2006. Performance analysis of an efficient packet-based IEEE 802.16 MAC supporting adaptive modulation and coding. *Computer Networks, 2006 International Symposium on*.

(Smith et Meyer, 2004) C. Smith et J. Meyer, 2004. 3G wireless with WiMAX and WiFi, 802.16 and 802.11.

(Smura, 2004) T. Smura, Avril 2004. Techno-economic analysis of IEEE802.16a-based fixed wireless access networks. *Thèse soutenue à l'université d'Helsinki, Finlande*.

(Tarhini et Chahed, 2007a) C. Tarhini et T. Chahed, Décembre 2007a. Modeling of streaming and elastic flow integration in OFDMA-based IEEE802.16 WiMAX. *Computer Communication, Vol. 30, No. 18*.

(Tarhini et Chahed, 2007b) C. Tarhini et T. Chahed, juin 2007b. On capacity of OFDMA-based IEEE802.16 WiMAX including adaptative modulation and coding (AMC) and inter-cell interference. *Local and Metropolitan Area Networks*.

(Tarhini et Chahed, 2006) C. Tarhini et T. Chahed, Octobre 2006. System capacity in OFDMA-based WiMAX. *Systems and Networks Communications, 2006. ICSNC '06. International.*

(Tse et Viswanath, 2005) D. Tse et P. Viswanath, 2005. *Fundamentals of Wireless Communications.*

(Wang et al., 2005) H. Wang, W. Li, et D. P. Agrawal, Avril 2005. Dynamic admission control and QoS for 802.16 wireless MAN. *Wireless Telecommunications Symposium.*

(Wangt et al., 2005) F. Wangt, A. Ghosht, R. Love, K. Stewart, R. Ratasukt, R. Bachu, Y. Sun, et Q. Zhao, Septembre 2005. IEEE 802.16e system performance : Analysis and simulations. *IEEE 16th International Symposium on Personal, Indoor and Mobile Radio Communications.*

(Won et al., 2003) J. J. Won, H. H. Seo, B. H. Ryu, C. H. Cho, et H. W. Lee, Juillet 2003. Perfomance analysis of random access protocol in OFDMA-CDMA. *KICS Korea Information and Communication Society.*

(Wongthavarawat et Ganz, 2003) K. Wongthavarawat et A. Ganz, Février 2003. Packet scheduling for QoS support in IEEE 802.16 broadband wireless access systems. *INTERNATIONAL JOURNAL OF COMMUNICATION SYSTEMS, Vol. 16, pages 81-96.*

(Yan et Kuo, 2006) J. Yan et G.-S. Kuo, Juin 2006. Cross-layer design of optimal contention period for IEEE 802.16 BWA systems. *ICC IEEE International Conference on.*

(You et al., 2005) J. You, K. Kim, et K. Kim, Janvier 2005. Capacity evaluation of the OFDMA-CDMA ranging subsystem in IEEE802.16-2004. *Wireless and Mobile Computing, Networking and Communications (WiMob).*

Oui, je veux morebooks!

i want morebooks!

Buy your books fast and straightforward online - at one of world's fastest growing online book stores! Environmentally sound due to Print-on-Demand technologies.

Buy your books online at
www.get-morebooks.com

Achetez vos livres en ligne, vite et bien, sur l'une des librairies en ligne les plus performantes au monde!
En protégeant nos ressources et notre environnement grâce à l'impression à la demande.

La librairie en ligne pour acheter plus vite
www.morebooks.fr

 VDM Verlagsservicegesellschaft mbH
Heinrich-Böcking-Str. 6-8   Telefon: +49 681 3720 174   info@vdm-vsg.de
D - 66121 Saarbrücken   Telefax: +49 681 3720 1749 www.vdm-vsg.de

Printed by Books on Demand GmbH, Norderstedt / Germany